だから、漢語はおもしろい！

中国ビジネス通訳裏話

戸毛敏美
Toge Toshimi

東方書店

まえがき

　私は中国で、たえず日本語と比較しながら漢語（中国語）を学んできました。そこで魅了された漢語の音の美しさは、残念ながらこの本では伝えられませんが、文字の点でも面白かったことや、驚かされたことが沢山ありました。また帰国後、40年近く日中貿易に関する仕事に従事し、幾多のトラブルや誤解に遭遇しました。その中で痛感した日中相互理解の「言うは易し、実現は難し」をご紹介し、日中関係の現状打開のお役に立ちたいと思います。

　漢語を学んだことのない方には、少なくとも漢語は面白いなーと興味を持っていただき、中国と中国の人々に一歩近づいていただければ幸甚です。

　また漢語をすでに学んでおられる皆様の一助になれますよう、漢語にはピンインと対訳を付けました。" "がついているのは漢語、「　」がついているのは日本語です。かなり上級の方々のために、実際に翻訳通訳する中で陥りやすい例を多々挙げさせてもらいましたので、参考になるかと思います。漢語は面白いけれども結構難しいのですが、日中両国の言語を理解し、豊かな知識をフルに活用できる、知中派、親中派、そして知日派、親日派が一人でも多く増えますよう心から願っております。

　振り返れば私が帰国してから今日まで、両国の政府間ではしょっちゅうもめごとがおこり、対立することも度々でした。その都度、私たちの先人、日中友好諸団体、財界・経済界や政界など多

くの友好人士の皆様が「民の力を以って、官を促す」" 以民促官 yǐ mín cù guān" の精神で、草の根の交流を深め、遂に国交正常化、日中平和友好条約締結にこぎつけることができました。この伝統を受け継ぎ発展させていきたいという強い思いを込めて本書を執筆致しました。

戸毛敏美

目 次

I はじめに 1
1 私と漢語（中国語）との出会い 2
2 "得其意，忘其形 dé qí yì, wàng qí xíng" 4

II なかなか謝らない中国人 9
「謝る」と「誤る」 10
「すみません」（"対不起"）の色々 11
中国人には「まず謝りなさい」は通じない 12
「前の事は忘れず、後の戒めとする」文化 13
アジアの人々から、日本そして日本人への信頼がいまだ
　回復しない理由 15

III どう学べばいいの　漢語学習の心得 17
1 外国語をマスターするには母語のレベル向上が大事！ 18
2 ピンインは発音記号ではない！ 21
3 四声プラス軽声が大事！——耳・音感がするどい中国人 27
4 てん（点）で話にならない！まる（丸）で分からない！ 31
5 思考方法、表現方法の違いを身につける 36
6 "的"を外すな！さもないと的外れになるよ！ 39
7 "得"について 42
8 すぐ人を殺してしまう漢語 43
9 何でも食べる漢語 45
10 誤解だらけの病院用語 47
11 "背"の二つの発音 50

12　口が重い・口が軽い　51
13　人称の話　53
14　通訳泣かせの名前　54

IV　日中同字異議で起きる喧嘩 57

1　"喧哗 xuānhuá"は「喧嘩」ではない　58
2　"请检讨 qǐng jiǎntǎo"「ご検討下さい」と言ったつもりが…　59
3　"达成协议 dáchéng xiéyì"を「協議に達しました」と
　　翻訳して大騒ぎ　61
4　受け取るは"接受 jiēshòu"、それとも"接收 jiēshōu"？　63
5　重要な"情报 qíngbào"　65
6　従業員はみな「工作員」？　66
7　サッカーで破門されたの？　68
8　中国のスポーツは裁判沙汰？　69
9　私は「大丈夫」じゃない！　70
10　「丈夫」と"结实 jiēshi"――「夫は丈夫で留守がいい」　71
11　微妙に違う"爱 ài"の話　73
12　1日で「老婆」になる方法　75
13　「告訴」します!?　78
14　"走 zǒu"「走」と"去 qù"「去」　79
15　「一体」と"一体 yītǐ"は一体どこが違うの　80
16　「関電」と"关电 guāndiàn"
　　関西電力は電気を止める会社？　81
17　"得体 détǐ"の服とは　83
18　「急用がある」"要急用 yào jíyòng"と言ったら相手も
　　慌てたのはどうして？　84
19　漢方医薬界での出来事　86

20 "野菜 yěcài"って野菜ではないの？ 88
21 この会社は火の車！ 90
22 嘘も"方便 fāngbiàn"！ 91
23 便宜を図り、便宜を貪って嫌われる？ 93
24 一秒油が断たれたら、どうして私のせいになるの？ 94
25 白湯をほしいと言ったのに…… 96
26 切手を買いたいと言ったつもりなのに、警察沙汰？ 97
27 空き巣に入られた家庭！ 99
28 ゾクゾクと増える"××族 zú" 100
29 脅威と驚異 103
30 君の名は 104
31 "褒义 bāoyì"「褒義」と"贬义 biǎnyì"「貶義」 106
32 「重大」と「重要」 108
33 "待人热情 dài rén rèqíng"は人を待つ熱情？ 110
34 "可爱 kěài"は「可愛い」ではないの？ 111
35 "是非 shìfēi"は正しいか、正しくないか？ 114
36 "释放 shìfàng"は「釈放」ではないの、「釈然」としない！ 115
37 換骨奪胎と"脱胎换骨 tuō tāi huàn gǔ" 117
38 "权益 quányì"のほうが「権益」が大きい？ 118
39 "马马虎虎 mǎmahūhū"と馬鹿 120
40 「絆」と"绊 bàn" 122
41 斤と公斤、尺と米 123
42 「一倍増えた」は「二倍に増えた」の？ 124
43 "点钟 diǎnzhōng"鐘をついて時間を表わすの？ 125
44 ケネディは刺身に当たって死んでしまったの？ 127
45 意思がないと面白くない？ 129
46 "面 miàn"面の色々 130

v

47 眼が充血しているのはねたむ人！ 131
48 顔色は青くならないの！ 134
49 "火 huǒ" 火の色々 137
50 "打电话 dǎ diànhuà" 電話は叩き壊してしまうの？ 139
51 "东 dōng" 東の色々 140
52 "花 huā" 花の色々 142
53 "花光了！huāguāng le!" 中国の花はピカピカ光るの!? 144
54 "味 wèi" 味の色々　味がなぜ臭くなってしまうの？ 145
55 煎餅って言うから買ったのに！ 147
56 名前の色々 148
57 酷なお兄さん！ 150
58 通訳泣かせのカタカナ用語 152
59 通訳泣かせの方言 154
60 発音からくるとんでもないトラブル 157

V 文化の違いからくる誤解 159
1 「急便」の誤解 160
2 挨拶用語による誤解 162
3 お礼の手紙、お礼の仕方
　　日本人は邪悪な悪魔に大きく変化した！ 164
4 「正座して両手をついてのお辞儀」と「土下座」 166
5 「贈り物」文化の違い 167
6 「つまらない物ですが」 169
7 宴会文化 171
8 学制の呼称の違い　日本では16歳でもう大学生？ 173
9 パジャマと浴衣 174
10 「蓮の花」と仏教文化 176

VI 通訳冥利 "翻译的善报 fānyì de shànbào"
「窮鼠猫をかむ」"狗急跳墙 gǒu jí tiào qiáng"
――退路を残す 179

VII ひたむき(六き)に学ぼう！ 185

あとがき 196

中国語索引 197

I

はじめに

1 私と漢語(中国語)との出会い

まずお話ししなければならないのは、「中国語」という言語が、実は中国には存在しないということです。私たちは「中国語」と言っていますが、中国大陸では"汉语 Hànyǔ"「漢語」、台湾では"中文 Zhōngwén""国语 Guóyǔ"「国語」と言います。つまり、中国に住んでいる 56 あると言われている民族の一つ、漢民族の言語という意味なのです。そこで本書では「漢語」と呼称したいと思います。

私の漢語学習は 1949 年に始まりました。一般の人とは異なり、いきなり中国の中学(初級中学)2 年生の後半に編入して、1 年半必死に教科書丸暗記で勉強して進学していきました。そのいきさつは次のような次第です。

父は帝大で獣医学を学び、本当は日本の畜産業を発展させ、今日のようにみんなが牛乳を飲み、牛肉、豚肉を食べることを推進して、日本人の体格、栄養を欧米並みに改善したかったようですが、中国で馬の品種改良事業に携わることになりました。当時、日本は中国東北部を侵略した事により国際的に孤立し、世界各国から石油の供給を止められていましたので、軍需物資輸送のために現地の馬を使う必要がでました。現地の馬は小柄で馬力不足、しかし寒さや病気には強いので、この馬の品種改良をするため、所謂「満州国」の「種馬場」場長として赴任したのです。ですから私は中国の北端ハルビン生まれ、ハルビン育ちの日本人、戦時中は勿論日本人学校で勉強しておりました。戦後は多くの人が帰国したのですが、我が家は父が「八路軍」(日本の侵略に抵抗する中国共産

党の軍隊)の留用技術者として残されたため帰国できませんでした。でも、中国東北の人民政府は、私たち日本人子弟のために日本人学校を設立し、日本人の先生による日本語教科書を用いた授業を受けることができましたので、私たちは1949年末まで、日本語での勉強をずっと続けることができました。

　敗戦をハルビンで迎えた時、私は小学3年生でした。母から「敗戦国民」である日本人は、過去、台湾・朝鮮・「満州」の人々にしてきた意地悪の仕返しを必ず受けるのだから、覚悟しなければならないと教えられました。かつて日本は台湾・朝鮮半島そして「満州」を植民地にして日本語の使用を強要したり日本の名前に変更させるなど、儒教を重んじ先祖を大事にする台湾・朝鮮の人々に、無理やり過去を抹殺するようなことをしたのです。

　しかし、私たち一家は戦後、中国人にも朝鮮人にも迫害されず、逆に助けられました。子供心にもこれが大変不思議に感じました。しかも、父は敗戦国民であるのに八路軍の一員となり、巡回医療隊を編成して各地を回って家畜の病気を治療しながら獣医を養成する仕事をしており、巡回のついでに農家の人々の怪我や当時流行していたトラホーム（伝染性の慢性結膜炎）の治療をしたりしていました。そして八路軍がチチハルや長春を解放（中国共産党の支配地とすること）する度に共に移動し、そこに獣医畜産大学を設立して教壇に立ちました。

　そして1949年、北京の平和解放により、我が家も北京に移り住むことになりました。でも北京には日本人が少なく日本人学校がないので、歩いて5分の所にある北京第12中学に入学することとなりました。中国人の先生は私に中学2年生の後半に編入し、寄宿舎に入るよう言いました。「嫌でも漢語を話さなければならない」環境で勉強した方が早く上手になれるから、そして中国人の学生

に代数、幾何、化学を教えてあげ、みなから国語、地理、歴史を教えてもらいなさいと母を説得しました。こうして私の漢語学習が始まったのです。母はかつて漢文の先生をしていましたし、幸い当時中国では今の簡体字ではなく繁体字を書いていましたので、中国人とは筆談で意思の疎通ができました。でも私は当時、ほとんどというか全然と言ってよいほど、漢語は分かりませんでした。しかし、学ぶうちに漢語の魅力に強く引かれていきましたので、その楽しさを皆々様にご紹介致したく、この本を書き上げました。

2 "得其意，忘其形 dé qí yì, wàng qí xíng"

　私は"得其意，忘其形 dé qí yì, wàng qí xíng"「その意味はしっかり汲み取るが、その形を忘れること」と"简明扼要 jiǎnmíng èyào"「簡潔にして要を得る」を強調し、通訳翻訳の心得としています。それは、私が初めて大舞台で通訳をした時の失敗談が原因です。

　細々と続いてきた日中民間貿易協定による貿易取引が1958年の長崎国旗事件によって中断していましたが、文革の初期（1963年）に久し振りに中国の代表団が来阪致しました。関西経済界、友好団体、労働組合、民主団体などがこぞって出席し、大阪市の太閤園で盛大な歓迎会が開催されました。私はその司会者の通訳や日本側の通訳を仰せつかって、とても緊張していました。やっとそれも無事終了し、ほっとした時です。司会者が「では代表団の皆様、

台から降りてください」と言われ、反射的に"代表団的各位！请下台！Dàibiǎotuán de gèwèi! Qǐng xiàtái!"と訳してしまったのです。すぐに「しまった」と気が付き、笑いながら「通訳の間違いです」"代表団的各位！请下舞台！Dàibiǎotuán de gèwèi! Qǐng xià wǔtái!"と訂正致しました。代表団も全員がどっと笑って、口々に"下台！下台！Xiàtái! Xiàtái!"と言いながら台を降りて行きました。

前列でカメラを構えていた新聞記者さんたちは、パチパチと一斉にフラッシュを焚いて写真を撮り、翌日の朝刊には「代表団は大変和やかな雰囲気の中で交流」と書かれ、この場面の写真が掲載されていました。

翌日団長さんや団員の皆様から「怪我の功名！」と褒められ（？）ました。実は漢語で"下台 xiàtái"とは「失脚」という意味になり、代表団の皆様は口々に「失脚だ！」「失脚だ！」と言って台を降りていったのです。でも中国人が"失脚 shījiǎo"という字を見たら、きっと驚くことでしょうね。漢語では「足を失った」という意味になるからです。

数年後、その際の秘書長が再度来日された時、「君はなかなか先見の明があるね！」と褒められました。というのも代表団メンバーの内一人が本当に失脚してしまったのです。

私はその時以来、心に決めた事があります。日本語と漢語は同じ文字を使うので、このようによくひっかかります。特に同じ文字を使うような時ほど注意しなければならないと肝に銘じました。漢語に"得意忘形 dé yì wàng xíng"という熟語があり、「得意になり、有頂天になって我を忘れる」という意味なのですが、この熟語の間に"其 qí"の一字をそれぞれ入れて、"得其意，忘其形 dé qí yì, wàng qí xíng"「その意味はしっかり汲み取るが、その形を忘れること」つまり同じ文字にひきずられないこと、言葉の順序

I　はじめに　　5

にもこだわらないこと、これを翻訳、通訳の心得、モットーと決めました。

＊漢語にも"心得 xīndé"という言葉がありますが、日本語の「心得」と全く異なり「仕事や学ぶ中で会得、感得したもの」の事を指します（IV-36 参照）。

また、"简明扼要 jiǎnmíng èyào"「簡潔にして要を得る」、これもモットーです。

中国への電報文はすべて四桁の数字で表わした時代がありました。一文字の電報料金が結構高かったので、会社で電報文の翻訳をする時は一文字でも少なく、そしてちゃんと意味が通じるようにするにはどうすれば良いか一生懸命工夫しました。

その後、日本国際貿易促進協会関西本部で会長木村先生の通訳を務めることになりましたが、木村先生は話し出したら止まらないのです。これは木村先生だけではなく、一般に日本人は話し出したら止まらなくなり、通訳が途中で止めると「君、さっきどこまで話したか、分からなくなったじゃないか」と言われたものです。そこで、日頃から「一文字でも簡潔に要領よく翻訳する努力」をしてきた事が役立ちました。

勿論、同時通訳をするために、日本語もアナウンサーのスピードではっきり聞こえるように話す練習をしましたし、漢語も中国人アナウンサーのスピードでシャドウイング（聞こえてくる音をそのまままねて声に出すこと）して一生懸命練習を重ねました。また、同時通訳は話者の気持ちや考え方を十分理解していないとできません。なぜかというと、日本語は最後まで聞かないと「しません」なのか「します」なのか分かりません。ところが漢語は日本語とはまるで逆でして、動詞も否定語もみな先に来る言語なので、最後まで待ってからでは同時通訳はできません。つまり「赤上げて、

白上げないで、赤下げて」のゲームができない言語なのです。ですから名古屋以西の財界ミッション（代表団）の団長通訳を仰せつかった際は、いつも事前に団長がこれまで書かれた文章等を十分読ませていただき、また訪中の間でも常に質問をして団長の中国問題に対する考え方を充分理解しておくように努めました。そうすれば日本語から漢語への同時通訳で、動詞や「しなければならない」の"要 yào""应该 yīnggāi""应 yīng"、否定の"不 bù""没 méi"をなんとか先につけることができました。

　そして私は漢語の熟語、諺などが大好きですので、これを通訳の際活用することで、かなり時間を稼ぐことができました。ウィスパリング（特定の人に対して耳元でささやくように通訳すること）の際、他の人が長々通訳していても、私は四字熟語を活用することによって短時間に通訳することができました。これも皆様是非お試しください。

　日本語は割合曖昧に表現して、相手に慮った表現が非常に多いので通訳者は苦労します。中には「主語は何ですか」と質問される通訳もおられるほど、通訳泣かせの言語です。

　私は聞きながら話の内容を整理して、この人は何を話そうとしているのかと頭の中で番号を振ったり、箇条書きに整理して、考えながら翻訳しました。後には目的語を先に翻訳して、最後に「以上の件について、私は賛成しかねます」とか「以上に私は賛成です」などと表現する方法も考え出しました。というのは日本語の修飾語が結構長く、そのままの順で訳すと聞いている人は何が何だか分からなくなるからです。

　この点、漢語は"你 nǐ、我 wǒ、他 tā"をやたらと使う、大変ロジック性の強い言語ですので、漢語からの翻訳は割合やりやすいように感じました。でも実際はこれも結構難しいですね。

"倒福"（p121）

II

なかなか謝らない中国人

「謝る」と「誤る」

　よく日本人は「なかなか謝らない中国人」と言いますが、中国の人々と長年付き合っておりますと、「このような言い方が本当に正しいのかどうか」よく考えなければならないのではないかと思います。

　まず、パソコンで「あやまる」と入力すると「誤る」と「謝る」の二つが出てきます。

　戦後60年以上も経っているのに、日本はいまだに中国や朝鮮半島の人々に「謝罪」を求められているのですが、仏独が和解した「エリゼ条約」締結のようなことが、何故、日・中・韓ではできないのでしょうか。

　父が留用技術者として中国に残された初期、親たちが中国や朝鮮の人たちと「天皇制」が日本では本当に必要なのか討論していたのを、小学生でしたが今でもはっきり覚えております。当時日本でも盛んに論議され、「一億総懺悔」ではなくドイツのようにしようとしたそうですが、1950年のレッドパージ、つまり冷戦構造の狭間で日本は「中国封じ込め政策」に利用され、A級戦犯も釈放され、岸信介が首相にまでなって十分戦争責任の総括ができなかったのではないでしょうか。

　私たち日本人は簡単に「謝り」ますが、それではいけないのです。つまり、十分きちんと総括をしてから謝らないと、すぐまた誤ってしまうからです。これを何度も繰り返していると、本当に謝罪しても「狼少年」と取られるでしょう。

　子供の頃みなさんは、親から叱られた時、言い訳でもしようものなら大変でしたよね。「口答えするとは何ですか！」「まず謝りなさい！」と怒鳴られた経験がありませんか。でも中国で私がびっくり

したのは、叱られた小さい子供でさえも、まず父母に「僕はこうこうで良かれと思ってしたのに」と説明し、母親たちも「確かにそうでしょう、でも結果としてこうこうで、ここが間違いだったでしょ」と納得させて、子供に謝らせていたことでした。ごく一部の人を除いて、誰でも最初から故意に悪いことをしようと思ってやらないでしょう。ましてや子供たちは「良かれ」と思ってやるのですから、原因を曖昧にしておいて謝らせてはいけないのです。

「すみません」（"对不起"）の色々

　最初に学ぶ漢語の教材には"你好 nǐhǎo""再见 zàijiàn"に続いて"对不起 duìbuqǐ"があり、教材の日本語訳には「すみません」とあるのが普通ですが、これが大いに問題です。私は授業で必ず「"对不起 duìbuqǐ"には、私は相手に不利益なことをしたので謝罪するという意味、つまり『御免なさい』という意味があるので、中国ではみだりに使用してはいけないのです」と説明しました。

　多くの友人に指摘されたのは、中国人が見ず知らずの日本人からいきなり"对不起 duìbuqǐ"と言われたらびっくりするということでした。「えっ？　この人は何か私に不利益なことをしたのかな」と思うそうですよ。

　「すみません」には色々な漢語表現があることを授業で確認したことがあります。

　人にものを尋ねる時の「すみません」は"请问 qǐngwèn"、相手にお手数をかける際の「すみません」は"不好意思 bù hǎoyìsi"とか"麻烦你 máfan nǐ"、相手にお手を煩わせてしまって「すみません」の場合は"过意不去 guòyì bú qù""包涵 bāohán""请多多包涵 qǐng duōduō bāohán"、道を譲ってもらう際の「すみません」は"劳驾 láojià"とか"借光 jièguāng""借过 jièguò"、席を譲ってもらう際の「すみません」は"请让一下 qǐng ràng yíxià""让一让 ràngyíràng"とか、"打扰你一下 dǎrǎo nǐ yíxià""打扰你一下可以吗？Dǎrǎo nǐ yíxià kěyǐ ma?"、目上の方にお願いする際の「すみませんが～」は"请允许我～ qǐng yǔnxǔ wǒ""请原谅 qǐng yuánliàng"、相手に迷惑をかけた際は"赔个不是 péi ge bú shì""赔个礼 péi ge lǐ""赔礼道歉 péilǐ dàoqiàn"など、お詫びの場合も"对不起 duìbuqǐ"以外に、正式の場や目上の方には"抱歉 bàoqiàn""非常抱歉 fēicháng bàoqiàn"など、挙げれば数えきれないくらいです。漢語は「芸が細かい」と言えますね。これらを上手に使い分けましょう。

また、日本人は謝罪する際「謝りたいと思います」「～したいと思います」と表現するのが普通ですが、日本語の分かる中国人からよく「したいと思っているだけで、謝っていないではないか」と鋭く質問されました。私は「日本人の習慣でこれは謝っているのですよ」と例を挙げて説明し納得していただきました。

中国人には「まず謝りなさい」は通じない

最近では日本のサービス業関連企業が沢山中国に進出しておられますが、前記からお分かりいただけるようにちょっと注意・心がけが必要かと思います。

日本のサービス業では、たとえ客側の間違いによる場合でも、まず従業員に謝らせるのが当たり前ですが、これは中国では非常識な行為ですので、なかなか受け入れられません。

いち早く北京、上海に進出したスーパーマーケットの万代は、

中国側から「是非日本式の良いサービスを広めて欲しい」と言われ張り切っておられたのですが、従業員とのトラブルに悩まされ相談を受けました。私が行くと従業員たちは口々に「日本側のやり方は絶対中国では通用しない」と沢山の例を挙げました。「万引きが多いので、カウンター内に商品を置いて欲しい」「商品は私の目の前で見せてもらうべき」「もし万引きされたら、私は謝れないし、弁償もできない」、あるいは「客が商品を触って壊したり、汚したり、破っても、社長は私たちに『謝れ！』と言うが、明らかに客はわざと汚したりして、『汚れているから』『傷があるから』と値引きの口実にしているのだから、それをはっきりと言い、客に認めさせるべきだ」と主張してきました。このような状態で「まず従業員が謝れ」と教えても、中国の若者は屈辱的と取り、苦痛に感じてなかなか実行が難しいのです。そこで中国事情を勘案して日本側がかなり譲歩して解決しました。日本側関係者は、「ここは文化の違い」と考え、従業員一人一人に十分納得してもらう説明と対応が必要でしょう。そうは言っても、中国でも日本式のサービスを快く思う消費者がますます多くなっており、日本式の経営姿勢、企業文化が中国の若者にも徐々に受け入れられていくであろうことも事実です。

「前の事は忘れず、後の戒めとする」文化

　日本では喧嘩をしていた相手と仲直りする際、「過去は水に流して」とか「小異を捨てて大同につく」などとよく言い、なんでも捨ててしまう「禊の精神」がまかり通っていますね。でも、これは多分世界では通用しないのではないでしょうか。

韓国・朝鮮半島では人と付き合う際、まず「その人の過去の鏡を見ること」という諺があるそうです。つまり、相手の過去はどうだったかを判断し、確認してから付き合うようにと小さい時から教えられているそうです。

私が中国で一番驚いた事の一つに「岳飛廟」での出来事が挙げられます。

岳飛はご存じの通り、南宋の武将（1103～1141年）で民族の英雄と言われ、最後は秦夫妻の裏切りで亡くなりました。中学生の時、友人たちと岳飛廟へお参りに行きますと、正面には岳飛の像があり、その前にはぬかずいて謝っている秦夫妻の石像がありました。ところがお参りしている人々が口々に「この野郎」と罵りながら、秦夫妻の石像に向かって唾を吐きかけたり、思いっきり石像のお尻を蹴飛ばしたりするのです。何百年も前の出来事に対してです。

びっくりして、友人に「彼らはふざけてやっているのか、本気で怒ってやっているのか」と聞いたところ、「私もあなたがいなかったら、蹴飛ばしてやりたいよ」と言われ、一層驚きました。私たち日本人は、人は一旦死んだら「みな神様、仏様になる」と教えられてきましたので、死者には「寛容（？）」です。しかしその時私は、かつて日本軍国主義者が中国を侵略して多くの人々を殺した罪は、何百年経っても非難され続けることを覚悟しておかなければならないと心に強く留めました。

"前事不忘，后事之师 qiánshì bú wàng, hòushì zhī shī"「前の事は忘れず、後の戒めとする」、"以史为鉴 yǐ shǐ wéi jiàn"「歴史を鑑とする」などは別に日本の侵略があったためにできた諺ではなく、何千年も前からある中国人の考えなのです。従って日本の中学・高校教育で、また大学でも十分に近代史、世界史を教えてこなかったことは重大な誤りですし、また、最近の中国の若者が客観的な

近代史や現代史を学んでいない現状も、大いに問題ありです。

　日本でも「賢者は歴史から学び、愚者は経験から学ぶ」と言われるように、しっかり歴史を教え、学ぶべきです。私はほとんど毎回、90分の授業の間に「発音で疲れたね、では今からお口は休憩！　お耳を拝借！」と前置きをして、歴史の話をしました。

　例えば、5月4日（五四運動、青年節、青年の日）、7月1日（中国共産党創立記念日）、7月7日（盧溝橋事件、中国全土への侵略を日本が開始した日）、9月18日（柳条湖事件、中国東北への侵略を日本が開始した日）、10月1日（国慶節、中国の建国記念日）、10月10日（辛亥革命記念日）、12月8日（真珠湾攻撃、第二次世界大戦開始の日）などの前後は、「明日は何の日」"明天是什么日子？　Míngtiān shì shénme rìzi?""今天是什么日子？　Jīntiān shì shénme rìzi?"「今日は何の日」、"后天是什么日子？　Hòutiān shì shénme rìzi?"「明後日は何の日」などと聞いて、日中関係史や中国関係の出来事、新聞記事などを紹介してきました。学生諸君が社会や政治に関心を持って欲しいと願って続けてきたことですが、授業評価ではこれらの話が良かった、やる気が起きたなどと学生たちが書いてくれました。

アジアの人々から、日本そして日本人への信頼がいまだ回復しない理由

　ドイツは2度にわたる戦争を深く反省し、近隣諸国の信頼を勝ち取り、遂にEUで中心的な役割を果たしております。その原因は過去をしっかり総括し、それを後世にきちんと繰り返し伝え続けているからではないでしょうか。

では何故日本はできなかったのでしょうか。私は歴史研究家ではありませんので、十分説明できないのですが、先に述べたように、戦後の冷戦構造、米占領下での1950年のレッドパージなどにより、戦争につき進んだ原因である日本の「天皇制」をしっかり総括できなかったからではないでしょうか。是非みなさんで研究していただきたいと思います。

日本では十分総括がなされていないので、国交正常化後も、日中平和友好条約締結後にも度々「歴史認識」の「誤り」によるトラブルが繰り返されており、その度に政府はトカゲの尻尾切りのように関係者を切り捨てて「謝る」のですが、またしばらくすると再び「誤り」を犯しては「謝り」、これでは「狼少年」であり、「本当に日本は謝っているのか」と思われます。ですから毎回の「謝罪」もアジアの人々の心には伝わらないのではないかと私は感じております。本来ならEUのように、日中韓が中心になって「アジア経済共同体」を作るべきではないでしょうか。

III

どう学べばいいの
漢語学習の心得

1 外国語をマスターするには母語のレベル向上が大事！

　私の漢語学習は並大抵ではありませんでした。なにしろ、日中辞書はないし、学校では必死に教科書、ノートを暗記暗誦し、土、日や休日、夏休み、冬休みに家へ帰ると母から、すべての教科書、ノートを目で見ながら日本語に翻訳するように強いられました。当時は嫌々でしたが、帰国後にこれらが大いに役立ちました。これらにより今日の自分があるのですし、今では本当に心から母に感謝しております。

　このような勉強で"老外 lǎowài"でなければ分からない漢語の面白さを沢山体験することができました。

　中国では大人にも子供に対してさえも、「外国人」であれば"老外 lǎowài"と言います。つまり親しみを込めて"老 lǎo"「～さん」をつけて「外人さん」という意味です。面白い表現でしょう。

　中国の中学入学の初日、用務員が鐘を振りながら"上课了！上课了！ Shàngkèle! Shàngkèle!"と言うので「授業が始まるよ」という意味だと思いましたが、次に先生が"现在上课！ Xiànzài shàngkè!"と言うのです。"上课 shàngkè"には「授業を始めます」「先生が授業をする」と言う意味もあるのだと知りました。

　ところが次に生徒たちも"我去上课！ Wǒ qù shàngkè!"と言うので、「あれ？　あんた先生になるの？」と聞いてしまいました。すると漢語で「授業を受ける」も"上课 shàngkè"と言うのだよと言われて、またびっくりしてしまいました。これを日本で漢語を教えておられる中国人の先生方に紹介しますと、「なるほど、気付かなかった」とおっしゃられます。

日本語の「聞く」に対して、漢語では"听 tīng"（耳で音を聞く）と"问 wèn"（質問して聞く）とに分けて表現します。また、先生に質問することは"提出问题 tíchū wèntí"と言います。日本語では「先生にレポートを提出する」と言うのでつい"向老师提出学习报告 xiàng lǎoshī tíchū xuéxí bàogào"と"提出"の二文字を日本人は使いたくなりますが、漢語でこのような時には"提交 tíjiāo"（手渡す）と言います。"提出 tíchū"は「問題を提起する」と言う時に使い"提出问题 tíchū wèntí"と表現します。では漢語の"提起 tíqǐ"はと言いますと、"他提起了这个问题 tā tíqǐle zhège wèntí"「彼が触れたあの件」、"关于你提起的那件事 guānyú nǐ tíqǐ de nà jiàn shì"「君が言及したあの事について」のように、「触れた」「言及した」という意味なのです。

　さて、漢語の"质问 zhìwèn"は日本語の「質問」と全く異なり、「私はあなたに質問したい」を"我质问你！ Wǒ zhìwèn nǐ!"と言ったら中国人はかんかんに怒ってしまいますよ。なぜなら漢語の"质问 zhìwèn"は「詰問する」という意味で使用されるからです。本当に事ある毎に誤解する可能性が潜んでいることにお気付でしょう。このように「相互理解」は言うは易し、結果を出すのは決して容易ではありませんでしょ。

　日本語でいう「問題」とは「トラブル」という意味がありますが、漢語の"问题 wèntí"には「〜の件」という意味もあり、"现在我们谈谈支付问题 xiànzài wǒmen tántán zhīfù wèntí"を直訳して「これから支払問題について話し合いましょう」と言うと、日本人はどきっとします。「え？　支払をちゃんとしてもらえなくなるの？」と思うでしょう。でもこの時の"问题 wèntí"は「〜の件」という意味なのです。

　本当に"问题 wèntí"を「問題」と翻訳するのは問題ですね。

Ⅲ　どう学べばいいの

これらは大抵辞書のどこにも書いていない使い方の違いです。私が漢語を学んだ頃は、パソコンのない時代でしたので、私は丹念にせっせと例文を収集して、それを比較しては、日本語とは異なる使い方を身に付けていきました。それはそれで面白い新しい発見をする日々でしたので、結構楽しんでやってきました。

　「『病院』と『医院』とどこが違う？」と中国の先生方に質問すると、全員と言ってよいほど知りません。私は中国でこの二文字の日中両国の使い方が全く逆になっていることに気付きました。日本では「病院」とは総合病院を指し、規模も大きいのですが、中国では逆で、"医院 yīyuàn"が総合病院なのです。逆に漢語の"病院 bìngyuàn"とは"精神病院 jīngshén bìngyuàn"「精神科の医院」とか"牙科病院 yákē bìngyuàn"「歯科医院」など専門の医院か規模が小さいクリニックが多いのです。ですから、財界ミッションのメンバーが中国で病気になられ、診察・治療に行く際は、必ず「中国の〜医院とは日本の総合病院ですので、ご安心ください」と説明しました。もし説明しないと、「小さな個人医院に連れて行かれるのではないか」と誤解される恐れがあります。病院用語については本章の 10 でもご紹介していますのでご参照ください。

　いかがですか？　本当に漢語は面白いでしょう！

2　ピンインは発音記号ではない！

　ピンインは発音記号ではありませんが、発音を身につける上で大事な糸口を与える符号であります。場合によっては「カタカナ」の方が正確に表わすことができるし、私自身がカタカナで勉強できたので、尚更そう感じます。

　では例を挙げましょう。"a"は「ア」と習い、"an"(エヌ)と"ang"(アン)の区別は"ng"は鼻に掛けると習うでしょう。私はカナで表記したように、"an"は「アン」ではなく「エヌ」と言ってみてください、と教えます。必ず舌先をぴっとつけるでしょう。"ng"で終わる単語の発音は「ん」と鼻に抜けるように発声すれば良いのです。しかも日本人にしかできない、一般の中国人には絶対できない"n"と"ng"を区別する方法があります。まず漢字を日本語で音読してみてください。最後に「ん」がつけば、漢語のピンインは必ず"n"で終わります。発声は「ヌ」と舌先が出るくらいの気持ちでしてみてください。よく中国人から日本人の発音は「気持ちが悪い」と言われるのは、なんでも「ン」と鼻にかけて発声するからです。これも漢語では厳密に区別しています。例えば"我分了 wǒ fēnle"「私が分けました」のように「ヌ」で終わるべきところを、「ン」と発声すると"我疯了 wǒ fēngle"「私は気が狂ってしまいました」になりさあ大変です。"我反问了他 wǒ fǎnwènle tā"「私は彼に聞き返しました」は"我访问了他 wǒ fǎngwènle tā"「私は彼を訪問しました」になるのです。"放在这里 fàngzài zhèlǐ"「ここに置いておいた」と言ったつもりが、"饭在这里 fàn zài zhèlǐ"「ご飯はここにあります」となるので、「ご飯はここにないではないか」

III　どう学べばいいの

と言われました。本当に、たかが "n" と "ng"、されど "n" と "ng"、誤解が生じ、お互いの話が噛み合わなくなってしまうのです。

ところで "a" は "yan"（イェヌ）と発音し、"yang" は（ヤン）と発音するのです。どうです、"yan"（イェヌ）の "a"「ア」が「エ」に変化しました。カタカナの方が正確に表音していると思われませんか。

"e" の発声を日本人に教えるのはとても難しいと中国人の先生方はよくおっしゃいますので、私はいつも「無意識に発声している日本語を意識して発声させる方法」をお勧めしております。

まず黒板に e、ge、ke、he と板書し、ローマ字式に発声してもらいます。そして学生に「自分の舌先がどこにくっついていますか」と質問し、一人一人自分で確認してもらいます。

学生は「舌先が下の歯の裏についています」と回答しますので、「ではその舌先を外し、舌を後ろへ引きますが、発声箇所は同じです」と言って発声させます。すると、自然に漢語の "e""ge""ke""he" の発音になります。特に "e" と "he" は間違いやすいので、何度も舌先を後ろに引いたりつけたりして訓練しましょう。

また日本人が一番発音しにくい "zhi""chi""shi" ですが、まず質問です。何故ここに "h" がつくのでしょう。"zhi""chi""shi" に h の発音、「は行」の音がありますか。ありませんね。これをどう理解すればよいのでしょう。

私が大学で勉強していた頃に丁度、漢語の発音にどのようにしてローマ字を当て込んで表記するかという討論が盛んに行われており、私も参加して気が付いた事があります。「ピンイン」とは漢語元来の " 音 yīn"「音」にローマ字を " 拼写 pīnxiě" したもの、

つまりモザイク式にローマ字を当て込んで表記したものだということです。

最初はz、c、sに尻尾をつけようという案もありました。しかし、欧米ではタイプライターが普及しているので、この表記ではまずいという事になり、日本語のローマ字表記式に"sh"と"h"をつけ、舌先の位置が高い(high)ことを示すようにしたのです。このエピソードから私は"zhi""chi""shi"を教える方法を考え出しました。いつも漢語を教える先生方の勉強会でこの方法を披露し、歓迎されております。

まず、xは「シ」、sは「ス」、qは「チ」、cは「ツ」、jは「ジ」、zは「ズ」と覚えさせます。日本人は英語式に読む癖が付いていますので、これを改めさせなければなりません。canがキャン、chemicalはケミカルですから、cをキとかケと発音しがちですし、xanキサン・クサン、xanaxザナックスですから、xも「シ」という音は出にくいのです。

次に、後ろの"i"は口を横に広げる印であると覚えるようにします。日本語の「つ」は口を横に広げる"ci"と、口を尖らせる"cu"と区別しませんが、漢語は厳しく区別しています。日本語の「す」も口を尖らせる"su"と、口を横に広げる"si"を、日本語の「ず」も口を横に広げる"zi"と、口を尖らせる"zu"とを区別しませんが、漢語では厳格に区別され、イメージされる文字も意味も異なってくるのです。このように、きれいな漢語をマスターするのは、日本人にとっては生易しい事ではありません。でも難しいからマスターする値打ちがあり、稀少価値が出てくるのです。

さて、"xi"シと"si"ス、"qi"チと"ci"ツ、"ji"ジと"zi"ズを、口を横に広げたままで発声してみます。ここで大事なのは、絶対に口を尖らせないこと。そして、それぞれ自分の舌先がどうなっ

ているか、自分で体験してみましょう。いかがですか？　舌先が少し上がっていませんか。つまり舌先が下の歯の後ろから上の歯の後ろ辺りに上がっていますね。そうです！

日本人にとって、"shi""chi""zhi"という発音はマスターしにくい発音ですが、"si""ci""zi"のところまで舌を上げれば、中国の南方人、揚子江以南の人がみなそうなのですからなんとか通じます。

例えば、"我吃饭 wǒ chīfàn"「ウォ　ツ　ファヌ」であれば通じますが、「ウォ　チ　ファヌ」では通じません。"这是什么? Zhè shì shénme?"も「ゼス　センマ」であれば通じますが「チェシ　シェンマ」では通じません。勿論私たちは「普通話」を学ぶのですから、できれば更に舌先を高く(high)そり上げる必要があります。

要領は

"xi""si"から舌先をそり上げて"shi"　ひらがな表記で「す」

"qi""ci"から舌先をそりあげて"chi"　ひらがな表記で「つ」

"ji""zi"から舌先をそり上げて"zhi"　ひらがな表記で「ず」

いかがですか。要領がお分かりいただけた事でしょう。分からなくなったら、またここに戻って練習し、要領を身につけてください。

次に"社 shè""这 zhè""车 chē""热 rè"の発声方法をご紹介致しましょう。

まずその前に"e"の復習をしましょう。つまり発声の場所は日本語の「エ」と同じ、異なるのはその舌先を後ろへ引く事でしたね。本当に漢語と日本語は「舌先三寸」の差です。

私が漢語を学び始めた時は、友人に数回発音してもらい、耳で聞いて要領を掴むようにしました。そこで気が付いたのは、中国の人は"she""zhe""che""re"の発音を2回に分けて発声している点でした。つまり、"she"は"shi+e"に、"zhe"は"zhi+e"に、"che"

は"chi+e"に、"re"は"ri+e"の2回に分けて発声すれば良いのです。

　ここで"ri"の発音方法をご紹介しましょう。まず"li"は「リ」、"lu"「ル」、"lü"は「リュイ」と発声しましょう。
　この際、舌先の位置がどこにありますか、ご確認ください。どうですか。舌先がぴっ、ぴっと上顎についているでしょう。"ri""re"の場合は、いずれも舌先は上顎に絶対つけません。ここが要領です。近くまでもっていき、少しすれるくらいでもかまいません。これが「コツ」です。本当に「舌先三寸」でしょう。「なあんだ！」と思われるでしょうが、これが無意識に発声している日本語を意識して発声して漢語の発音を身につける方法です。おまけに一番苦手な"ri"のつく"日本 Rìběn""日本人 Rìběnrén"は絶対マスターしなければなりません。分からなくなったら、元に戻って練習をすればよいのです。いかがですか？　自信が少し付きましたか？

　"lun""cun""run""dun""kun""zun""sun"これらのピンインを発音記号として覚えると大混乱してしまいます。いずれもローマ字読みでは「るん」「つん」「るん」「どん」「くん」「ずん」「すん」となるでしょう。しかし、漢語の発音は"lun"は「ロェヌ」、"cun"「ツウェヌ」、"run"「るウェヌ」、"dun"「ドウェヌ」、"kun"「コウェヌ」、"zun"「ズウェヌ」、"sun"「スウェヌ」という発音になります。やっぱりピンインは発音記号ではありませんでしょう。カタカナにしたがって"论 lùn"、"村 cūn"、"润 rùn"、"顿 dùn"、"困 kùn"、"尊 zūn"、"孙 sūn"を正しく発声しましょう。
＊"run"「るウェヌ」：そり舌音は前述のようにひらがな表記にして区別しています。

実はピンインを採用する討論に参加して私が反対した部分があります。本来は"qü""jü""xü"とピンインで表記する所を、漢語には「チュ」「ジュ」「シュ」という発音が存在しないという理由で、また欧米人のタイプライター使用に便利なようにという事で上の点点を取ってしまうというのです。ところが、日本語には「ちゅ」「じゅ」「しゅ」という発音がありますので、日本人は"qu""ju""xu"を見るとつい「チュ」「ジュ」「シュ」と発声してしまうというのが、私が反対した理由でした。しかし少数派の意見であったので通りませんでした。

　北京から来られて日本語のできない先生方から「なぜ日本人は"去 qù"は『チュ』と、"居 jū"を『ジュ』と、"需 xū"を『シュ』と発音するのか」とよく質問されました。そこで私は「それは漢語ピンインの欠陥ですよ。ピンインは発音記号ではないのです。しかし、元来の発音を引き出す上で大事な手がかりとして教えるべきです」と申し上げました。「どうすれば良いか」と質問されましたので「黒板にカタカナを書いてみてください」と申し上げ、"qu"は「チュイ」、"ju"は「ジュイ」、"xu"は「シュイ」と書いたメモをお渡ししました。あくる日「どうでした？」とお聞きしましたところ、「いやー！　うまくいったよ」とおっしゃったのでした。

　いかがですか。やっぱり、日本人にとっては"qü"は「チュイ」、"jü"は「ジュイ」、"xü"は「シュイ」と表記した方が、本来ある漢語の発音に近いと思いませんか。

3 四声プラス軽声が大事！
——耳・音感がするどい中国人

漢語をマスターする上で面倒なのは、四声や軽声のちょっとした違いで、意味が全く変わることです。

私がある時食堂で、お塩が欲しいと言ったつもりが、四声を間違えたのでタバコを持ってこられました。"盐"「塩」は"yán"で、"烟"「タバコ」は"yān"でした。

「偉大」と言ったつもりが、「え？　胃拡張」と取られました。「偉大」は漢語では"伟大 wěidà"と「伟」"伟 wěi"を三声で言い、「胃拡張」は"胃大 wèidà"で「胃」"胃 wèi"は四声なのです。

"累"は"lèi"と"lěi"の二つの読み方があり、厳密に区別されています。"lèi"と読めば「疲れた」という意味になり、"lěi"と読めば「累積」「積み重ねる」という意味になるのです。

"教室 jiàoshì"「教室」と"教师 jiàoshī"「教師」、この二句は四声が異なると意味が異なりますので、授業中、よく耳の訓練に使いました。また、"教"は"教材 jiàocái""教科书 jiàokēshū"のように名詞の場合は四声で読み、"我教汉语 wǒ jiāo Hànyǔ""我教你唱歌 wǒ jiāo nǐ chàng gē"のように動詞の場合には一声で読むのです。

"一"も固有名詞の場合には、例えば"一年级 yī niánjí""头一年 tóu yī nián""1916年 yījiǔyīliù nián"のように一声で読みますが、数を数える場合には後ろにくる量詞で異なります。もし後ろに四声がくれば"一个 yí ge（个 gè は本来四声）""一次 yí cì""一遍 yí biàn"と二声で読み、後ろに一声、二声、三声が来ると"一棵树 yì kē shù""一杯茶 yì bēi chá""一瓶酒 yì píng jiǔ""看一回 kàn yì

III どう学べばいいの

huí""一种 yì zhǒng""一本书 yì běn shū"のように、四声に読みます。また、数字、番号の場合には、"1 yī"が"7 qī"と混同されやすいので、"1 yāo"と発音します。また、"4 sì"と"10 shí"は日本人だけでなく、中国の南方人にとっても区別して発声するのが難しく、聞き間違いも多いようですので、よく中国人も指で四なのか十なのかを示します。私たちもこの方法を活用して誤解を防ぎ、円滑な意思の疎通を図り、相互理解を深めましょう。

"不 bù"も元々は四声で"不说 bù shōu"「話さない」、"不喝 bù hē"「飲まない」、"不还 bù huán"「返却しない」、"不来 bù lái"「来ない」「行かない」、"不懂 bù dǒng"「分からない」、"不好 bù hǎo"「良くない」ですが、後ろに四声の動詞が来ると二声で読みます。"不去 bú qù"「行かない」、"不看 bú kàn"「見ない」などです。

面白いでしょう。でもマスターするのは容易ではありませんね。絶えず後ろに何が来るのかを考え、それにすぐ反応する訓練が大切です。しかしいつもながら感心するのは中国の人々の耳というか、聞き分ける力がすごいことです。

ついでに否定の"不 bù"と"没 méi"の違いをご紹介しますと、"不 bù"は、「しない」という自分の意志が入っており、"没 méi"は、しようという意志はあるが、まだ条件が整っていないので「していない」です。例えば"不吃饭 bù chīfàn"と"没吃饭 méi chī fàn"の違いは、前者は「食べる意志がない」「食べない」ですが、後者は食べる意志はあるが、「今はお腹が空いていない」「まだご飯ができあがっていない」「まだ食事の時間になっていない」などで「食べていない」です。

ここでついでに、漢語ではめずらしい異なる読み方を持つ文字を幾つかご紹介致しましょう。"还"は、「返還する」と動詞の場合には"还 huán"と読み、「やはり」の場合には"还 hái"と読み

ます。"乐"を名詞で用いる場合は、"音乐 yīnyuè"「音楽」、"乐譜 yuèpǔ"「楽譜」、"乐器 yuèqì"「楽器」、"乐团 yuètuán"「楽団」のように"乐 yuè"と発音します。動詞の「楽しむ」"乐"は"乐 lè"と発音し、"快乐 kuàilè"「楽しい」、"乐意 lèyì"「喜んで」、"乐了 lèle"「喜ぶ」となるのです。私の授業は「楽しい」けれども、決して「楽</ruby>」ではありませんでしたよ。

　また人名の場合は"仇 chóu"は"仇 Qiú"、"单 dān"は"单 Shàn"となり、"曾 céng"も"曾祖父 zēngzǔfù"や人名は"曾 Zēng"と読むのです。面白いですね。

　発音で日本人が困るのが"ba"（バ）と"pa"（パ）、"bao"（バオ）と"pao"（パオ）の区別です。
　"爸爸 bàba"を「パパ」とか「バアバア」と言ってしまいます。"bǎo""吃饱了 chībǎole"「お腹一杯」と言ったつもりが"pǎo""吃跑了 chīpǎole"では「食い逃げした」となるのです。"bǎo"は「バオ」と「パオ」の中間です。日本語の「ば」は「ぱ」より唇の接触面が広く、空気の噴出する勢いは「ぱ」の方が強いでしょう。これを「有気音」「無気音」と教える教材もありますが、「ぱ」も「ば」も「空気は出す」のですから、これでは学生の頭を混乱させます。"ba"は「ば」のように唇の接触面を広くし、特に四声の場合は「ぱ」ぐらいの力で、勢いよく空気を噴出すれば"爸爸"の"bà"になるのです。

　漢語では同音で多くの漢字がありますので、四声プラス軽声で区別します。しかし、日本人は慣れていないのでとても難しいですね。
　例えば冒頭でご紹介した"烟 yān"「たばこ」と"盐 yán"「塩」。"关系 guānxi"「関係」と"关西 guānxī"「関西」は、"系"を軽く"xi"

と発声すると「関係」になり、"西 xī"と一声に発声すれば「関西」になるのです。"东西 dōngxi"も、"西"を"xi"と軽く読むと「品物」を指し、"西 xī"と一声に発声すれば「東西」を指すのです。"妻子 qīzi"も"子"を"zi"と軽声で発音すると「妻」を指すのですが、これを"qīzǐ"と"子"を"zǐ"と三声に読むと「妻子」に変わってしまうのですから大変ですね。

逆に私たち日本人にとって何ともない発音に、中国人はすごく悩まされています。

「特に」と「とっくに」、「してる」と「知ってる」、「充分」と「10分」、「充分見た」のか「10分見た」のか、つまる音は漢語にはありませんので区別が大変です。

また「相互理解」と「総合理解」、「組織」と「葬式」のように伸ばす、伸ばさないなど、例は枚挙にいとまがありません。

中国側の投資説明会で、上手な通訳の方でも「許可」と「強化」の発音が混同していて、聞いている方は「許可した」のか「強化した」なのか分からないという意見をよく耳にします。

日本語には四声がありませんので、「きょうい」と聞けば「脅威」と「驚異」「胸囲」などが頭に浮かびます。「かがく」と聞くと「化学」と「科学」とが混乱しますので、通訳の際は「ケミカル」か「サイエンス」と追加説明が必要です。

「きかく」と聞いても「企画」と「規格」、「きかくしょ」も「企画書」と「規格書」がありますので、ビジネス業界では混乱防止のため「規格」を「仕様」と言い、「規格書」はよく「仕様書」と表現します。

漢語に"深化改革 shēnhuà gǎigé"という表現がありますが、これは深い所からつまり根底から改革することを指しているのです。しかし通訳で「しんか」と聞くと日本人はたいてい「進化」と思うでしょう。従って文字にすれば「進化」と「深化」ではっきり

しますが、口頭通訳の場合は「しんか」は避けて「根底から」と訳すよう指導しています。

4　てん（点）で話にならない！まる（丸）で分からない！

　まず漢語の簡体字と日本語の当用漢字との差に注意しましょう！
　比較すればお分かりいただけるように、点ひとつ多くても少なくても駄目なのです。授業で私が注意すると、「ずっとこの字を書いてきて、一度も指摘されなかった」と言われ、これまで先生から漢字のチェック受けたことがないという学生を多々発見しました。そこで私は全員のノート・単語帳・作文を回収してチェックし、間違いを訂正し「てんで駄目！」「てんで話にならない！」などと書いて返却しました。学生たちは「先生どうして、てんで駄目なの？」と質問しました。お分かりですか？
　「減少」は"减少 jiǎnshǎo"、「決定」は"决定 juédìng"、庁舎の「庁」は"厅 tīng"、「圧力」は"压力 yālì"、「反対」は"反对 fǎnduì"、「沖縄」は"冲绳 Chōngshéng"「呂」は"吕 lǚ"と書き、「準備」は"准

备 zhǔnbèi"と書くのです。日本語の「批准」は"批准 pīzhǔn"ですから、そのまま書けばよいのですが、準備という字が頭にあるとつい「淮」と書いてしまいます。この字は「わい」と読み、漢語では"淮河 Huáihé"の"淮 huái"と発音し、意味も異なりますので、本当に「点で駄目！」「点で話にならない！」でしょう！
「渴」は"渴 kě"ですので、つくりが同じ"喝 hē""飲む"も中が「ヒ」ではなく点が一つ必要です。お気づきでしょうか。指摘しないとよく間違います。

　また、漢語には「てにをは」がありませんので、句読点"标点符号 biāodiǎn fúhào"が極めて大事です。ところがこれも日本語と少しずつ異なるのでややこしいですね。

　ビジネス検定試験でも、漢語専攻の学生でさえ多くが、「、」と「,」を混用していました。日本語の読点は基本的に「、」しか用いません。また「、」は文章が長い時に適当につければ良いのですが、漢語には「、」と「,」つまり尻尾のついている点と付いていない点があり、それを厳密に区別して使用しています。

　「、」は単語、センテンス、熟語の並列を示す大事な符号です。例えば「この子は勇敢で健康な子供です」という文の、「勇敢」と「健康」に日本語では「で」と「な」がついていますが、漢語は"他是个勇敢、健康的孩子 tā shì gè yǒnggǎn、jiànkāng de háizi"というように、"勇敢 yǒnggǎn"と"健康 jiànkāng"の間に「、」をつけて並列であることを示すのです。日本人はつい日本語の習慣からやたらと「、」をうつのですが、これは禁物です。また「私は毎朝牛乳を飲み、パンを食べます」は"我每天早上喝牛奶、吃面包。Wǒ měitiān zǎoshang hē niúnǎi, chī miànbāo."というように、"喝牛奶 hē niúnǎi""吃面包 chī miànbāo"の間に「,」をつけて「動詞

＋名詞」のパターンが同じ並列の関係にあることを示すのです。

次に「、」と使い分けされて用いる「,」は、読点として使用されます。日本語の読点とやや異なるのは、この「,」をつけることで、前後のセンテンス間には因果関係など密接な関係がある事を示すのです。

例えば漢語では"你去，我也去！ Nǐ qù, wǒ yě qù!"と表現します。"你去 nǐ qù"「君が行く」は日本語では主語と述語ですから一つの文とみなし、学生たちはついそこで「。」をつけてしまいます。しかし、漢語ではここに「。」をつけると文章が途切れてしまい、丸で分からなくなります。"你去 nǐ qù"「君が行く」は、後ろの"我也去！ wǒ yě qù!"「私も行く」と繋がっており、これを日本語に翻訳すると、「君も行くから、僕も行く」「君が行くなら、僕も行く」という因果関係を示します。つまり、漢語の文には「から」「なら」という言葉はありませんが「,」がその役割を果たしているのです。漢語は「。」から「。」までで文の分析を行いますので、"你去 nǐ qù"の後ろに「。」（丸）をつけると、文の意味が「。」（丸）でわからなくなるのです。ですから最初のうちは「点で駄目！」「丸で分からなくなる」と冗談まじりで繰り返し強調しました。

ここで、ついでに日本語と異なる「も」"也 yě"の使い方をご紹介しましょう。

日本語では「君も行くなら私も行く」のように前の「君」にも「も」をつけますが、漢語は後ろの「私」にしか「も」の"也 yě"はつけないのです。いかがですか。点で駄目、丸で分からなくなるでしょう。

また「君は日本人ですか」"你是日本人吗？ Nǐ shì Rìběnrén ma?"と質問されたら"我是日本人。Wǒ shì Rìběnrén."「僕は日本人です」と答えますが、もし、その前にすでに一人が「僕は日

III どう学べばいいの 33

本人です」" 我是日本人。Wǒ shì Rìběnrén."と答えておれば、漢語では二人目以降はみな"我也是日本人。Wǒ yě shì Rìběnrén."「私も日本人です」と"也 yě"をつけて答えなければなりません。このように言わないと中国人から「気持ちの悪い」「しっくりいかない」漢語だ、"别扭 bièniu"だと言われてしまいます。是非マスターしてください。

　次に"冒号 màohào"「：(コロン)」。これは「その前にある言葉の内訳を今から書きますよ」という大事な合図なのです。そして「引用符号」"引号 yǐnhào"がついているか否かで、また意味が異なるのです。

　例えば、漢語で"说 shuō："とあり、後ろに" "或いは' 'が付いていれば、引用文であり、付いていなければ内訳の説明は要約したものであることを示すのです。

　"分号 fēnhào"「；(セミコロン)」は日本語にはない符号ですが、これは長文の解読、翻訳の際、大変便利な符号で、並列の文があることを示すのです。「；」が一つ付いておれば、「(一) 〜、(二) 〜。」と書かれている事を示し、これが三つあれば、四つの並列の用件が続いている事を示しているのです。

　このように中国の人々は「てにをは」がない代わりに、話す時も、文章を書く時も、「一．〜；二．〜；三．〜。」と頭の中で整理しているのです。事ほど左様に、「漢語は大変ロジック性の高い言語である」事をいつも痛感致します。

　"问号 wènhào"「疑問符」も日本ではあまり使用されませんが、漢語では疑問文の後には必ず「？」をつけますし、一単語の後に「？」をつけて、少し尻上がりの調子で読めば「〜ですか」という疑問文になるのです。「私の事？」"我 Wǒ？"、「学校の事？」"学校 Xuéxiào？"でよいのです。この調子でどんどん漢語で話しま

しょう。

　ここで日本語の質問文を表わす「〜か」に相当する"吗 ma"と"呢 ne"についてご紹介致しましょう。

　漢語では文の中に疑問詞があれば、"吗？ ma?"をつけては駄目と言われます。でも日本人は後ろに「〜か」"吗？ ma?"がないと、なんだか落ち着かないので、この際お勧めは"呢？ ne?"です。

　漢語では"这是什么？ Zhè shì shénme?""他是谁？ Tā shì shuí?"ですが、日本人は後に何かつけたいでしょう。"这是什么吗？ Zhè shì shénme ma?"は駄目ですが、"这是什么呢？ Zhè shì shénme ne?"なら良いし、"他是谁吗？ Tā shì shuí ma?"は駄目ですが、"他是谁呢？ Tā shì shuí ne?"なら良いのです。

　ところで"什么 shénme""谁 shuí（shéi とも読む）"が疑問詞ではなく名詞で用いられる時があります。例えば"他们什么都要吗？ Tāmen shénme dōu yào ma?"「彼らはなんでも欲しいのですか」、"谁都有吗？ Shuí dōu yǒu ma?"「誰でもみんな持っているのですか」などの"什么 shénme""谁 shuí（shéi）"は疑問詞ではなく「なにかの物」や、「誰かある人」を指しているので"吗？ ma?"をつけられます。

　「！（びっくりマーク、感嘆符）」"感叹号 gǎntànhào"が付いている文は、少し感情を込めて発声してください。

　省略符号も日本語は点が三つの「点々点」でも許容されますが、漢語の「省略符」"省略号 shěnglüèhào"は二字のスペースをとって"……"と表記します。気をつけましょう！

　ダッシュ──（二マス）を中国語では"破折号 pòzhéhào"と言い、事柄に注釈や説明を本文として加える際に用いられます。

　これらの符号は日本語以上に大事な役割を果たしますので是非マスターしてください。

| 5 | 思考方法、表現方法の違いを身につける |

　"起床 qǐ//chuáng"は「起床」と教えない、覚えないことが大事です。

　漢語の"床 chuáng"は「ベッド」「床」であって、日本語の「床」という意味はなく、「床（ゆか）」は漢語で"地板 dìbǎn"と書きます。では何故"起床 qǐ//chuáng"を「起床」と覚えてはいけないのでしょうか。"起床 qǐ//chuáng"は初級漢語教材には必ず出てきますので、ここで漢語の表現方法、中国人と日本人の思考方法の違いをしっかりと教え、覚えさせることが漢語の表現方法をマスターする上で極めて大事です。

　みなさんピンインのところでお気づきになられましたか。電子辞書には"起床 qǐ//chuáng"と間に//の符号が入っていますね。例えば、"睡觉 shuì//jiào""见面 jiàn//miàn""游泳 yóu//yǒng""滑雪 huá//xuě""结婚 jié//hūn"など沢山例を挙げられます。漢語ではこの//マークは、その前後の文字、単語が動詞と目的語の関係であること、文法用語で言えば「離合詞」であることを示しているのです。

　"见面 jiàn//miàn"の日本語訳は「会う」と大抵の教材では書いていますが、これがそもそも間違いのもとです。"面 miàn"は「顔」、"见 jiàn"が「会う」で、正しくは「顔を合わせる」と説明するべきなのです。日本人がよく「私は彼に会った」を"我见面他 wǒ jiànmiàn tā"と表現するので「けしからん！」という声を耳にしますが、中国の先生方に「あなたの教え方が間違っているよ」と指摘し、前述の説明をすると、多くの方が「はっ！」と気が付くよ

うです。

　ではなぜ初級段階ですぐこのことを指摘するかと申しますと、後ろに"得 de"を用いた日本語にはない表現方法を漢語では頻繁に使うからです。

　"得 de"の前に形容詞、動詞を置き、"得 de"の後ろには程度、状況、結果などの「補語」をつけ、後ろから前の形容詞、動詞を修飾し"好得很 hǎode hěn"「素晴らしい」、"大得多 dàde duō"「ずっと大きい」、"说得快 shuōde kuài"「話し方が早い」、"吃得饱 chīde bǎo"「お腹一杯食べた」と表現する方法です。「離合詞」に限らず、動詞＋目的語に"得 de"をつける際は、目的語の後ろにもう一度動詞を置かなければなりません。例えば"昨天我睡觉睡得晚。Zuótiān wǒ shuìjiào shuìde wǎn."「夕べ私は寝るのが遅かった」、"他滑雪滑得快。Tā huáxuě huáde kuài."「彼はスキーの滑り方が速い、速く滑る」、"今天我吃午饭吃得饱。Jīntiān wǒ chī wǔfàn chīde bǎo."「今日の昼食はお腹一杯食べた」と表現しますが、日本人にとっては難しいので、公式を利用します。

　　主語＋動詞＋得＋（程度・状況・結果補語）
　　主語＋形容詞＋得＋（程度・状況補語）
　目的語がある場合は動詞を重ね、
　　主語＋動詞＋目的語＋動詞＋得＋（程度・状況・結果補語）
となります。授業では例文を沢山暗誦すれば、話す際スムーズに出てくるよと、反復練習するよう呼びかけました。

　また、漢語には動詞のすぐ後ろに動詞の持続時間、回数を表わす言葉を入れ、その後で目的語をつける面白い表現方法、思考方法があります。

　「私は彼と一度会ったことがある」は"我跟他见过一次面。Wǒ gēn tā jiànguo yí cì miàn."となり、"我跟他见面过一次。Wǒ gēn tā jiànmiànguo yí cì."とは表現しません。

　ですから離合詞の"睡觉 shuì//jiào"も「寝る」と教えるべきではありません。日本語でも「感覚」「視覚」「自覚」と言うように、"觉 jiào"「覚」の文字には「神経」の要素があります。"睡觉 shuì//jiào"という漢語は、"觉 jiào"つまり「目覚めている神経、感覚」を「寝かせる」と表現しており、"睡 shuì"が「寝る」という意味なのです。

　"游泳 yóu//yǒng"も「泳ぐ」とか「水泳」と教えず、"泳 yǒng"が「水泳」「泳ぎ」であると教えます。"游 yóu"は「楽しむ」「泳ぐ」という動詞で、漢語では「泳ぎを泳ぐ」「泳ぎを楽しむ」と表現しているのです。

　"滑雪 huá//xuě"も「スキー」ではなく「雪を滑る」と、"结婚 jié//hūn"も「婚姻関係を結ぶ」と覚えると、後でずっと理解しやすくなります。

　公式は、後ろに目的語をつけない場合は

　　主語＋動詞＋目的語＋動詞＋時間回数

　"我滑雪滑了一个小时。Wǒ huáxuě huále yí ge xiǎoshí."

　"今天我开车要开一天。Jīntiān wǒ kāichē yào kāi yìtiān."

　後ろに目的語をつける場合は

　　主語＋動詞＋時間回数＋目的語

　"今天他开车要开一天车。Jīntiān tā kāichē yào kāi yìtiān chē."

　おまけに、動詞を重ねる場合は"了 le""要 yào"などは後ろの動詞につけると決まっており、日本語にない表現ですから日本人がこれをマスターするのは、決して楽ではありません。

| 6 | "的"を外すな！　さもないと的外れになるよ！ |

　漢語の"的 de"を日本語の「の」と考えても良いのですが、漢語の"的 de"には色々な意味が込められており、研究しだしたらとても面白いのです。ここではその一部をご紹介致しましょう。

　まず"的 de"を見たら、大抵その後ろに名詞が来て、"的 de"の前には帰属を表わす言葉、修飾語がくると覚えます。これは、必ずしも日本語の「の」ではありません。かなり上手に日本語を話される中国の方でもよく「食べるのご飯」「動くの車」「大きいの花」と表現します。漢語の発想では「食べる」＋「ご飯」では"吃饭 chīfàn"「ご飯を食べる」になるし、「運転する」＋「車」は"开车 kāichē"「車を運転する」になるので、動詞を後ろの名詞の修飾語にしようとすると、必ずと言って良いほど"的"をつけることになり、つまり「食べるのご飯」「動くの車」は、漢語の発想で日本語を話しているのです。

　「開いた」＋「花」も漢語の発想では"开花 kāihuā"「花が開く」となり、"开的花 kāi de huā"と"的"「の」をつけなければならないので、つい日本語でも「開いたの花」となるのです。

　逆に日本人が漢語を言う際には、「的を外すな！」「的は外すな！」と思い続ける必要がありますね。

　さらに、"老外 lǎowài"「外人さん」がネイティブ並みに話せるようになりたければ、もうひと踏ん張りが必要です。例えば「花が大きい」は"花大 huā dà"と言わず、「とても」という意味がなくとも"花很大 huā hěn dà"と表現する場合が多く見られます。

　次の"的 de"は日本語にもある、後ろを省略する「の」の使い方で、

Ⅲ　どう学べばいいの

"我的 wǒ de"「私の（物）」、"学校的 xuéxiào de"「学校の（物）」式の使い方です。

三つ目の"的 de"は、動詞や形容詞の後ろにつけ、丁寧語、敬語になるので、是非お勧めします。例えば"是 shì"は「そう！」「そうだ！」ですが、"是的 shìde"は「そうですよ！」、"好 hǎo"は「よし！」「よっしゃ！」ですが、"好的 hǎode"は「そうですよ！」、"对 duì"は「その通り！」、"对的 duìde"は「その通りですよ」と丁寧な表現になるのです。

四つめの使い方は、"是 shì～的 de"です。「××は×です」は"是 shì"をつけたくなりますが、例えば「猿は賢いです」は"猴子聪明 hóuzi cōngmíng"で、"是 shì"を入れるのであれば"猴子是聪明的 hóuzi shì cōngmíng de"と"的 de"を外してはいけません。また"事物是发展的，是不会简单地重复的。Shìwù shì fāzhǎn de, shì bú huì jiǎndānde chóngfù de."「事物は発展するものであり、容易に繰り返されるものではありません」、"这个世界是进步的，人类生活也是走向美好的。Zhège shìjiè shì jìnbù de, rénlèi shēnghuó yě shì zǒu xiàng měihǎo de."「世界は進歩し、人類の暮らしも良い方向に好転していきます」のように"的 de"は外せません。

このように、通常、漢語の状況語などには日本語の「～です」式の"是 shì"はつけません。"是 shì"を「何は何です」「～です」と教えてはいけないし、覚えてはいけないと思います。「判定動詞」つまりA＝Bの「＝」に相当する意味で用いられると覚えるべきではないでしょうか。

日本人は「あなたのお名前は」と問われると"我是山田。Wǒ shì Shāntián."と答えますが、中国人はびっくりするそうです。「あれ？　私は田中とか別の名前で聞いたかな？」と思うと、中国の先生方や友人からお聞きしました。正しくは"我姓山田 Wǒ xìng

Shāntián."です。

　「君、田中君？」" 你是田中吗？ Nǐ shì Tiánzhōng ma?"、「田中君ではないですか」" 你是不是田中？ Nǐ shìbúshì Tiánzhōng?" などと聞かれた際に、" 我是山田 Wǒ shì Shāntián."と言い、さらに「私は田中ではありません」" 不是田中 Bú shì Tiánzhōng."とつけ加えるのが漢語式表現のようです。また、" 你是不是三年级(学生)？ Nǐ shìbúshì sān niánjí (xuésheng)?"と聞かれた際には" 我是三年级！ Wǒ shì sān niánjí!"と答えられますが、" 你是几年级(学生)？ Nǐ shì jǐ niánjí (xuésheng)?"と聞かれた際に、" 我是三年级。Wǒ shì sān niánjí."では中国人には尻切れトンボに感じるそうです。やはり" 我是三年级学生。Wǒ shì sān niánjí xuésheng."と説明するべきとのことでした。

　だんだん難しくなりますが、是非日中の違いを頭にいれて対応していただきたく、心から願っております。

7　"得"について

　漢語には"的""得""地"と"de"は三つあり、中国の中学で厳しく教えられ、とても不思議な感じがしたことを今でも思い出します。最近はきちんと教えられていないのか、ちゃんと学んでいないのか、今の中国の若者もよく間違って使用しております。ここではこれ以上説明は省きますが、やはり中国人でもマスターするのは難しいのでしょう。

　"得"は"觉得 juéde""睡得 shuìde＋形容詞"などの場合は"de"と軽声で読みます。しかしこの二つの"得"は役割が異なります。"睡得 shuìde＋形容詞"は5でご紹介しましたね。"觉得 juéde"は「感じて思う」つまり「寒いと思う」「悲しいと思う」のように「思う」という動詞です。お気づきかと思いますが、日本語は同じように「思う」と表現するところでも、漢語は芸が細かいですよ。

　「行こうと思う」「これは正しいと私は思う」は、日本語では同じ「思う」ですが、この時は"觉得 juéde"は使えません。「行こうと思う」は"想去 xiǎngqù"で"想 xiǎng"、「これは正しいと私は思う」"我认为这是正确的。Wǒ rènwéi zhè shì zhèngquè de."は"认为 rènwéi"を使用します。漢語はとても芸が細かくて、日本語は割合融通が利く言語と言えるかも知れません。

　もしも、文中に他に動詞がない場合は"得"が「得る」という動詞になり、"de"を二声に読みます。"我得奖了 wǒ dé jiǎng le"「受賞した」、"他得了一本书 tā déle yì běn shū"「本が手に入った」。しかし"得"の後ろに動詞が来ると、"děi"と読み、「〜しなければならない」という意味になります。例えば"得学 děixué"「学

ばなければならない」「学ぶべきだ」、"得看 děikàn"「見なければならない」「見るべきだ」となり、日本語では長ったらしい表現となりますが、漢語の表現は簡潔にして要領を得ておりとても素敵に感じます。

8 すぐ人を殺してしまう漢語

　私は卒業生に必ず毎年いくつかの言葉を贈ることにしており、最近はずっと"活到老，学到老！ Huódào lǎo, xuédào lǎo!"を贈っております。それは、ここ数年毎年のように3万数千人の自殺者が発生する日本であるからです。ですから学生たちに「どんな困難に遭遇しても絶対に自殺するな！　死ぬ気になってやれば、必ず成功する！」そして「老いるまで学び続けよう！」というメッセージを込めているのです。

　私が漢語を学びはじめたのは、中国の建国当初という事もあり、中学校の校舎裏に麦畑、野菜畑があり、中学生たちも自分の食べる野菜は自分たちで栽培していました。慣れない農作業でくたくたになり、友達が"累死了！ Lèisǐ le!"と言ったので日本語と同じく「死ぬほど疲れた」と表現するのだなあと思いました。ところ

III　どう学べばいいの　　43

がその後、友人がほんの20分ほど待っただけで"等死了 děngsǐ le"と言ったので、「死んでいないじゃない」というと、「中国ではさんざん待った。待ちくたびれた」をこう表現するのよと教えられました。本当に白髪三千丈式表現ですね。そこで注意して聞いているとやたら"～死了 sǐ le""～死了 sǐ le"を使っていることに気付きました。"饿死了 èsǐ le"は「餓死した」ではなく「腹ぺこ」という意味ですし、"烦死了 fánsǐ le""麻烦死了 máfansǐ le"は「煩わしくて死んでしまった」ではなく、「すごくいらいらする」という意味です。"急死了 jísǐ le"は「急死した」ではなく、「すごく焦ってしまう」ことを表現しているのです。

"累死了 lèisǐ le"は「過労死」ではなく、「疲れ果てた」、"热死了 rèsǐ le"は「熱射病で死んだ」ではなく、今流の「メッチャ暑い」または「メッチャ熱い」です。その他にも"困死了 kùnsǐ le"「ひどく眠たい」、"冷死了 lěngsǐ le"は「凍死」ではなく、「すごく寒い」、"气死我了 qìsǐ wǒ le"は「癪に障る、腹立たしい」という意味です。"死鬼 sǐguǐ"「この役立たずめ！」、"死家伙 sǐjiāhuo"「この野郎」、"死不改 sǐ bù gǎi"「あくまでも改めようとしない」、"固定死了 gùdìngsǐ le"「しっかり固定する」、"死胡同 sǐhútòng"「袋小路」、"死板 sǐbǎn"「融通がきかない」等等、例を挙げればきりがないほどです。なんでも殺してしまう漢語ですよ。

9 何でも食べる漢語

　食堂で中国の通訳と目玉焼きを食べていた時、「お目玉を食らう」「お目玉を食った」とはどういう意味かと質問されました。確かに日本語は「面食らう」「不意を食う」「一杯食わされた」「人を食ったやり方」「年を食う」「時間を食う」「ビンタを食らう」など「食べる」をよく用います。

　私が漢語を初めて学んだ時、日本語では「吃る」と学んでいた"吃"が、漢語では食べるという意味だと言われ驚きました。では「吃る」はと質問すると"口吃 kǒuchī"と教えられ、「へえ！口を食べるの」と、またびっくりしたことを思い出します。そこで面白いなあ！と思って注意して学ぶうち、やたらと何でも食べてしまう漢語に気がつきました。例を挙げれば"吃亏 chīkuī"「損した」、"吃闷亏 chī mènkuī"「酷い目に遭って泣き寝入り」、"吃香 chīxiāng"「受けがいい、評判が良い」、"吃老本 chī lǎoběn"「かつての経歴や功労に満足して胡坐をかく」、"吃累 chīlèi""吃力 chīlì""吃劲儿 chījìnr""吃工夫 chī gōngfu"はいずれも「骨が折れた、くたびれた」という意味です。"吃重 chīzhòng"は「くたびれた」のほかに「責任重大」という意味もあります。"吃罪 chīzuì"「責任を負う、罪を背負う」、"吃苦头 chī kǔtou"「苦労を味わう」、"吃客 chīkè"は「客を食う」ではなく「飲食店の客、食欲旺盛な人」。「薬を飲む」は"吃药 chī yào"で、水薬を飲むのでもこう表現し、"吃茶 chī chá"も「茶を飲む」"吃喜酒 chī xǐjiǔ"は「めでたい酒を酌み交わす」です。"吃水 chīshuǐ"は「水分を吸収する」「飲用水」のほか、ビジネスでは船の「喫水」を指します。"手头

吃紧 shǒutóu chījǐn"は「手元不如意」、"吃货 chīhuò"は「貨物を食う」ではなく「穀潰し」を指し、"吃请 chīqǐng"「酒食でもてなす」、"吃青 chīqīng"「青田刈り、熟していない作物を食べる」、"吃回扣 chī huíkòu"はビジネスでよく言う「リベートを受け取る」です。"吃皇粮 chī huángliáng"は「お上の禄をはむ」「政府機関の支出で運営する」です。「訴訟する」を"打官司 dǎ guānsi"と普通は言いますが、「訴えられた」は"吃官司 chī guānsi"と言い、"吃耳光 chī ěrguāng"は「ビンタを食った」です。

また「焼餅を焼く」は中国にも"烧饼 shāobǐng"がありますので、日本語を学ぶ中国人によく質問されました。そこで私は「それは漢語の"吃醋 chīcù"のことですよ。漢語の『お酢を飲む』という表現も面白いでしょうが、『焼餅を焼く』もねたむ、嫉妬するなのよ」と紹介しました。では本当に「お酢を飲む」と言いたい時はというと"吃忌讳 chī jìhui"と言うのです。直訳すると「忌み嫌う物を飲む」ですが、特に黒酢は漢方医学では血液をきれいにすると言われ、みなよく"吃忌讳 chī jìhui"しています。

"吃刀 chīdāo"は切削加工の「切り込み」のこと、"吃闭门羹 chī bìméngēng"は「門前払いを食う」、"吃白眼 chī báiyǎn"「白眼視される」、"吃零食 chī língshí"は「間食する」、"吃惊 chījīng"は「びっくりする、驚く」、"吃码头 chī mǎtou"「波止場の仕事で暮らしを立てている」、"吃败战 chī bàizhàn"「負け戦」、"吃软不吃硬 chī ruǎn bù chī yìng"は「相手が下手に出ると受け入れるが、高飛車に出ると反発する」です。"吃伤 chīshāng"は「傷を食べる」ではなく「食べ飽きる」「食べ飽きた」、"吃心 chīxīn"は「心臓を食べる」ではなく、「疑う」「気を回す」「没頭する」という意味です。"吃鸭蛋 chī yādàn"直訳すると「あひるの卵を食べる」で、その意味もありますが、よく使われるのは「テストで零点を取った」

という意味で"吃零蛋 chī língdàn"も同じです。"吃赃 chīzāng"は「盗品や汚職の分け前にあずかる」です。"吃一堑，长一智 chī yí qiàn, zhǎng yì zhì"「失敗は成功の母」と挙げればきりがありませんが、どれも面白いでしょう。

驚いたのは"吃馆子 chī guǎnzi"で、直訳すると「料理屋さんを食べた」ですよね。友人が"我在学校吃食堂。Wǒ zài xuéxiào chī shítáng."と言った時も思わず「え？ 食堂をどうやって食べるの？」と聞いてしまいましたが、これらは「料理屋さんで食事をする」「学校の食堂で食事する」なのです。

10　誤解だらけの病院用語

最近は、高い検査技術に憧れて中国から来日する富裕層が多いので、今後、医療通訳が大量に必要となるでしょう。また、中国から医師や看護士、介護士を招く事業や、中国での老人介護事業展開も期待されておりますが、この業界の言語をマスターするのは決して容易ではありません。

先述の「医院」と「病院」の違いだけではなく、漢語を学び始めた頃、私が「病人を『看病』しました」と言ったところ、「え？ 君、医者？」と聞かれ驚きました。漢語では"看病 kàn bìng"は「病気を診察する」事で、「病院へ診察を受けに行く」を"去看病 qù kàn bìng"と言い、"去看医生 qù kàn yīshēng"とも言いますが、直訳すると「医者を見に行く」ですから面白いでしょう。「お医者さん」の"医生 yīshēng"も、日本で「医生」とは「医術を学んで

III　どう学べばいいの　　47

いる学生」つまり「医者の卵」でしょう。"今天由刘医生来看病。Jīntiān yóu Liú yīshēng lái kàn bìng."と言われて出て来られたのがかなり年配の先生でしたので、つい「まだ医術を学んでいる学生さんなのですか」と聞いてしまいました。訪中団にはきちんと説明しないと「え？ 医生が？ 大丈夫？」と心配されますよ。また、役者を示す「大夫(たゆう)」の"大夫 dàifu"も漢語ではお医者さんを指し、"护士 hùshì"は看護士です。

　直訳すると"开刀 kāidāo"は「刀を開く」、"动手术 dòng shǒushù"は「手術を動かす」ですが、これはいずれも最近「オペ」と言われている「手術をする」事です。字面からでは"养病 yǎngbìng"は「病を養う」、"养伤 yǎngshāng"は「傷を養う」ですが、いずれも「養生すること」を指すのです。"保养 bǎoyǎng"は「保養」という意味以外に、機械・設備等の「メンテナンス」もこう言いますのでこんがらがります。

　「面会謝絶」は"谢绝探视 xièjué tànshì"。"探访 tànfǎng"ならまだ理解できますが、"探视 tànshì"は「注意深く見る」とか「様子をうかがう」や「覗き見る」という意味もあるのですから、初めて見た際は驚きました。「お見舞い」も漢語では"探视病人 tànshì bìngrén"とも言うのですよ。"寒战 hánzhàn"「寒くて戦う」ではなく、「悪寒」のこと、"恶心 ěxīn"は「悪い心」ではなく、「吐き気を催す」「むかむかする」事を指すのです。"翻胃 fānwèi""反胃 fǎnwèi"は胃袋がひっくり返ったり、反り返ったりしているのではなく、いずれも「胃もたれ」のことです。

　「風邪」も"感冒 gǎnmào"と書いてくれれば分かりますが"伤风 shāngfēng"も「風邪を引いた」です。私が中国にいた当時、"破伤风 pòshāngfēng"「破傷風」というちょっとの怪我でも注意しないと死に至る病がよく流行しましたから、親から傷口は充分消毒

するように注意されておりました。友人が"伤风 shāngfēng"にかかったと言った時はすぐ厳重注意しました。「風邪は万病の元」と言われるほどだから、ぐらいに友人は思っていたそうですから、破傷風の事を話すと大笑いになりました。"发烧 fāshāo"は「発熱」で、"发热 fārè"とは物の温度が上昇した時にしか言いません。

　カタカナの良い翻訳例は"过敏 guòmǐn"「過敏」「アレルギー」、"酒精 jiǔjīng"「お酒のエッセンス」つまり「アルコール」、"疫苗 yìmiáo"「疫病の苗」で「ワクチン」、"病毒 bìngdú"は「病に至らす毒」ですから「ウイルス」、上手い訳ですね。

　また漢字が逆転する例も多いのでご紹介しましょう。「胃腸病」は"肠胃病 chángwèibìng"「産婦人科」は"妇产科 fùchǎnkē"、"限制 xiànzhì"は「制限」、"介绍 jièshào"は「紹介」、"会面 huìmiàn"は「面会」「面談」です。面白いでしょう。

11　"背"の二つの発音

　漢語は、日本語ほど一つの文字の読み方が多いことはありません。漢語は大抵一文字一つの発音だから、一文字一文字しっかり覚えるよう指導してきました。しかし、まれに日本人の苦手な四声の異なる場合があるのです。

　例えば"教 jiào, jiāo""一 yī, yí, yì""不 bù, bú""好 hǎo, hào"や"背 bēi, bèi"などが挙げられます。"教""一""不"については3ですでに述べました。とにかくいつも私は、中国の人々は耳や、音感が鋭いなあ！と感心しています。

　"背"の場合、"背课本 bēi kèběn"「教科書を背負う」、"背课本 bèi kèběn"「教科書を暗記暗誦する」と変化します。"背"を一声で読む場合は「背負う」という動詞で、"背"を四声で読む場合は後ろに名詞や形容詞などがきて、"背诗 bèi shī"「詩を暗唱」、"背好 bèi hǎo"「しっかり、ちゃんと暗記する」となります。この暗記暗誦の意味が外国語を学ぶ私たちには大事です。

　そこで私はいつも学生に「みなさんは毎日教科書を背負って大学へ来ているだけ、これではだめ！"背 bèi"は四声で読むこと！」と強調しました。何故なら外国語をマスターするには、基本文型、美しい文章をしっかり暗記暗誦することが大事だからです。それをしてこそ入れ替え応用ができますし、話すこともできるようになるのです。

　"背 bèi"は「寂しい」の意味もあります。"这条胡同太背 zhè tiáo hútòng tài bèi"、"背月 bèiyuè"は「商いが閑散な月」。そのほかに"耳朵有些背 ěrduo yǒuxiē bèi"「耳が少し遠い」、"背叛

bèipàn"「背く、反逆」などの意味もあります。"背脊 bèijǐ""脊背 jǐbèi""后背 hòubèi"はともに「背中」ですが、"背后 bèihòu"は「背後」「陰で」となります。「背後」の意味では、"背地乱说 bèidì luànshuō"「背後で隠れてみだりに発言する」などが挙げられます。

12	口が重い・口が軽い

　日本語で「足軽」と言えば武士の最下層である雑兵を指し、漢語でも"足轻 zúqīng"と同じように表現します。しかし通常「足」は漢語では日本以上に細かく分けられ、付け根から足全体は"腿 tuǐ"と表現し、ふくらはぎは"腿肚子 tuǐdùzi"で、直訳すると「腿のお腹」ですから大変面白い表現だなと思いました。そして、足首から下は"脚 jiǎo"と表現しますので、「足取りが重い」は"脚步沉重 jiǎobù chénzhòng"と表現します。ここで注意。簡体字の"沈 shěn"は「瀋陽」の「瀋」ですが、中国の人は手書きの場合、"沉"をよく"沈"と書きます。また日本語では「沉」を「ちん」と読み、「沈」と同じ字として扱われますから、混乱しますね。

　ある日、東北の方が"北方人口重 běifāngrén kǒuzhòng"と言いましたので、「確か日本でも東北の人は一般に口が重いよ」と言っ

Ⅲ　どう学べばいいの

たところ、話しているうちになんだか辻褄が合わなくなりました。質問すると漢語の"口重 kǒuzhòng"は「口が重い」ではなく、「味付けが濃いのを好む」「しょっぱい味付けをする」という意味でした。逆に"南方人口轻 nánfāngrén kǒuqīng"は「薄味を好む」という意味でした。では「口が軽い」は漢語でどう表現しているかと申しますと、"嘴快 zuǐkuài""说话轻率 shuōhuà qīngshuài"です。

　また、漢語で"重活 zhònghuó"は「肉体労働」「力仕事」を指し、"重话 zhònghuà"は「耳障りな話」を指します。ここで漢字の書き方に注意する必要がありますね。"活 huó"と"话 huà"手書きの際には、さんずい、言べんをはっきり書かないと間違ってしまいます。"重金购买 zhòngjīn gòumǎi"は「大金をはたいて購入する」"重望 zhòngwàng"は「大きな期待」「名高い評判」のことです。

　「頭が重い」は"头沉 tóuchén"と言いますが、"头重脚轻 tóu zhòng jiǎo qīng"は「頭でっかち」を指します。

　ある時「この荷物重いね」を"东西重 dōngxi zhòng"と言ったら「"dōngxi chén"と言うのよ」と指摘されましたので"怎么写？Zěnme xié?"（ゼマシィエ？）と質問すると、"东西沉 dōngxi chén"と書きました。驚いて「え？沈む？」と聞いてしまいました。"这么沉，拿不动。Zhème chén, nábúdòng."は「こんなに重いのは持ちきれない」、"这孩子真沉 zhè háizi zhēn chén"は「この子が本当に沈んでしまった」ではなく、「この子（の体重）は本当に重たいね」と言っているのです。

　ここで裁判通訳のミスをご紹介しましょう。漢語の"重"はまれに見る複数の発音を持つ文字で、"重 zhòng"と発音すれば「重い」、"重 chóng"と発音すれば「再び」という意味で用いられます。通訳は文書にあった「重犯」を、"重犯 zhòngfàn"「重い罪を犯した犯人」と訳してしまいました。ところが実は「再犯防止」につ

いての文面でしたので、ここは"重犯 chóngfàn"「再び罪を犯す」と翻訳するべきでした。本当に通訳泣かせですね。

「中」も漢語では"中 zhōng""中 zhòng"一声と四声に読み、"中 zhòng"は「命中する」とか「当たる」です。"重彩 zhòngcǎi""中彩 zhòngcǎi"は同じ発音ですが、前者は「濃厚な色合い」で、後者は字面からは判断できませんが、実は「くじに当たった」です。"重兵把守 zhòngbīng bǎshǒu"は「強力な軍隊が守備する」です。

漢語に"不懂装懂，永世饭桶 bù dǒng zhuāng dǒng, yǒngshì fàntǒng"「知ったかぶりは永遠に無駄飯くらい」「聞くは一時の恥、聞かぬは末代の恥」と言われますが、いかがですか。「ゼマシィエ？」を是非頻発してマスターしてください。

13	人称の話

例えば"我饿了！Wǒ è le!"は漢語では男女の区別なくみな言えます。でも日本では女性は「私はお腹が空きました」、男性は「俺腹減った」と言い、女性が「腹減った」と言っては怒られるでしょう。私はつくづく漢語は男女平等の言語だと思うのですが、中国の女性がなんだか堂々と男性と対等の立場で話しているようで、とても羨ましく感じます。第一人称、第二人称、第三人称も、中国では原則として"我 wǒ""你 nǐ""他 tā"しかないのです。大人に対して子供でも"我 wǒ""你 nǐ""他 tā"ですし、父親に対しても"我 wǒ""你 nǐ""他 tā"です。日本で父親に面と向かって「彼」とか「君」「お前」等と言おうものなら怒鳴られるでしょう。漢語の言葉は男女、年齢の上下にかかわらず、人間関係が対等であることを感じさせます。

でも日本語の小説等を読むと、第一人称、第二人称、第三人称だけで、登場人物間の関係がすぐに分かり楽しいものです。「あなた」と言えばこの女性はこの男性にとても親しみを持っていると感じさせます。ところが漢語の小説ではかなり読み進まないと分かりません。ただ私が驚いたのは、中国人が豚や犬にも"他 tā"と言っているように聞こえた時でした。文字で書くと女性には"她 tā"と書き、動物や物に対しては"它 tā"と書くのですが、発音は全く同じですから、動物も人間並みに呼称されていて、日本人としてはとても不思議に思いました。

14　通訳泣かせの名前

　新入生が「私の姓はちゅうです」と紹介されたので、「ああ！"秋瑾 Qiū Jǐn"の"秋 Qiū"」と聞いたら、「いいえ！"人九 rénjiǔ"の"仇 Qiú"です」と漢字を説明してくれました（秋瑾については VI 参照）。

　「単」"单 dān"という文字があります。注意点は漢語の文字には一つ点が少ないだけでなく、発音も人名の場合は"Shàn"となります。ついでに"单 dān"の色々をご紹介しましょう。

　例えば"单 dān"一字では「リスト」「伝票」などの意味があり、"单子 dānzi"とも表現します。ビジネス業界では"单 dān""单子 dānzi"は「書類」「ドキュメント」を指します。また"床单 chuángdān"は「ベッドシーツ」、"埋单 máidān"は「食堂などでのお勘定」の意味、"订单 dìngdān"は「発注書」、"飞单 fēidān"は「食い逃げ」。

さて、名前の話に戻ります。漢語にも同音異字が非常に多く、例えば「りー」さんと言っても、"李、黎、礼、历"などがあるので、"李是木子李 lí shì mù zǐ lǐ"「李は木子の李です」などと紹介するのです。

漢語で"zhāng"と言っても、"张、章"があるので、「張さん」は"张是弓长张 zhāng shì gōng cháng zhāng"「張は弓長の張」と、「章さん」は"章是立早章 zhāng shì lì zǎo zhāng"「章は立と早の章です」と紹介します。また"刘 liú"は"刘是文刂刘 liú shì wén dāo liú"「文に刂の劉」、"吕 lǚ"は"吕是双口吕 lǚ shì shuāng kǒu lǚ"「呂は口二つの呂です」（漢語の呂の字は一つ点が少ない）、"林 lín"は"林是双木林 lín shì shuāng mù lín"「林は木二つの林です」、"赵 zhào"は"赵是走肖赵 zhào shì zǒu xiāo zhào"「趙は走肖の趙です」などと紹介するのです。

ここで一つ失敗談。合弁会社で張さんが社長にメモを書きました。"我张本人去！ Wǒ Zhāng běnrén qù!"「私張、本人が行きます」のつもりが、社長は日本語の「張本人」、漢語でいうところの"祸首 huòshǒu""肇事者 zhàoshìzhě""罪魁 zuìkuí""主谋 zhǔmóu"つまり「私首謀者が参ります」という意味に理解してとんでもない誤解が生じたのでした。

私は自己紹介の際、"我姓户毛 Wǒ xìng Hùmáo, 户是户口的户 hù shì hùkǒu de hù, 毛是毛主席的毛 máo shì Máo zhǔxí de máo"と紹介します。特に「毛主席の毛」のインパクトが強いようで、中国の方にしっかり覚えていただきました。ある時二十数年振りにお会いした方が、「大阪に漢語の上手ななんとか毛という人がいたのだが」と聞かれました。その方は有名な俳優の趙丹、秦怡などと来日した映画ディレクターさんでしたので私の方は覚えており、「私よ！」と改めて自己紹介しました。

Ⅲ　どう学べばいいの

授業では「みなさんも自分の名前を中国の方々がイメージしやすい漢字を言って自己紹介するようにしてください」と自己紹介の練習を必ずしました。「山」なら"山水的山 shānshuǐ de shān""山东的山 Shāndōng de shān"をお勧めします。"山西的山 Shānxī de shān"は"陕西 Shǎnxī"があり、四声のみの差で間違いやすいので避けるべきです。このように中国の方がイメージしやすい紹介法、初対面で印象を強くする方法を是非身につけていただきたく思います。

　外国語マスターの目的は対外発信です。私はいまだに日本の情報が中国では極端に少ないと痛感しています。発信型の語学勉強をどんどんするべきだという考えの下、1年目には漢語800字で、2年目は漢語1200字で自己紹介、家族の紹介、学校や日本の紹介をするようにずっと続けて参りました。多くの学生は、この漢語での自己紹介を日本の企業の面接試験でもしており、「積極性のある学生」と判断されたのか、就職活動を有利に進めております。

　私は日本語での自己紹介ではいつも「名前はとげとげしいのですが、人間はいつもこのようににこにこしておりますので、どうぞ宜しく」とやりますので、皆様によく覚えていただいています。

　是非皆様も自己紹介の際、自分の名前をみんなに覚えてもらいやすいように工夫を凝らしてみてください。できればユーモアを交えてはいかが？

IV

日中同字異議で起きる喧嘩

1 "喧哗 xuānhuá" は「喧嘩」ではない

　日本人はよく「中国人は話し声が大きく、集まると騒々しい、やかましい」「まるで喧嘩をしているようだ」と言いますね。私も多くの体験をしました。中国からのミッションがホテルに滞在している際、訪ねていくと室内からまるで喧嘩をしているような声が聞こえてくるので、ノックしそびれてしまいます。すると、「わっはっはっ！」と笑い声が聞こえてくるのです。つまり大声で真剣に討論していたのです。漢語で「喧嘩」を "喧哗 xuānhuá" と書きますが、これは喧嘩ではなく「騒々しい」「大声で話す」という意味なのです。

　漢語には "笑语喧哗 xiàoyǔ xuānhuá"「にぎやかに談笑する」という言葉がありますし、劇場では "场内请勿喧哗 chǎngnèi qǐng wù xuānhuá" と書かれているのをよく見かけました。日本人はみなびっくりしますし、私も初めて目にした時は友人に、中国では注意しなければならないほど場内で喧嘩をする人がいるの？と聞きました。でも実は「劇場内では大声を上げないように！」、つまり「場内では静粛に！」という意味なのです。

　観光で来る中国人が日本の生徒や学生、特に女子生徒・学生の話し声が、小鳥のさえずりのように美しいとよく言っていました。

　でも中国では、小さい声で話すのは何か後ろめたいことを話しているか、他人に聞かれたくないか、自分の話す内容に自信がない証と受け止められますので、その場にいるみなに聞こえるように話すべきなのだと学びました。これは後に通訳する際大いに役立ちました。同じ通訳者でも小声の人は、どこが間違いかみなに

は聞き取れないのか、指摘してもらえませんが、私は間違いもはっきり聞こえるので、後で「あそこはこう訳すべき」と色々教えていただき、毎回大いに勉強になりました。

2	"请检讨 qǐng jiǎntǎo" 「ご検討ください」と言ったつもりが…

　国交のない時代の広州交易会での出来事です。会場を回っていますと「ちょっと来てください。中国側が急に怒りだしたのですが、何が原因か聞いてくださいませんか」と言われました。

　駆けつけて行くと中国側はかんかんに怒っていて、大声で「私は何も過ちを犯していないのに、彼らは私に反省せよ！と言うのだ」との事でした。

　日本側にその旨訳すと、日本側も怪訝そうに「思い当たらない」とのことでした。そこで中国側に「日本側がなんと言ったのですか？」と尋ねると、"要我们检讨 yào wǒmen jiǎntǎo"「私たちに反省しなさい！」と言ったとのことで、私はこれは通訳の間違いだとはっと気付きました。日本語の「どうぞご検討ください」を"请检讨 qǐng jiǎntǎo"と訳したからなのです。漢語の"检讨 jiǎntǎo"

IV　日中同字異議で起きる喧嘩

には「過ちを犯したので反省しなさい」という意味があり、ただでさえ「なかなか謝らない」人々にこれは通じませんね。

通訳は本当に"得其意，忘其形 dé qí yì, wàng qí xíng"「その意味は汲み取るが、その形は忘れる」が必要ですね。

「商品検査」「品質検査」や「間違いがないか検査する」「仕事振りをチェック（検査）する」など日本語ではみな「検査」ですが、漢語では"检查 jiǎnchá"と"检验 jiǎnyàn"を使い分けております。"检验 jiǎnyàn"は、「商品検査」"商品检验 shāngpǐn jiǎnyàn"略して"商检 shāngjiǎn"、「品質検査」"质量检验 zhìliàng jiǎnyàn"略して"质检 zhìjiǎn"、つまり品質が基準に到達しているかどうか検査するという意味です。しかし、"检查 jiǎnchá"とは過ちを犯しているようだから、あるいは隠しているようだから調べる、とか、誤魔化していないかどうかをチェックするという意味がありますので、"我们要检查你们的产品。Wǒmen yào jiǎnchá nǐmen de chǎnpǐn."「当方は貴方の製品をチェックしなければならない」と言ってしまったのでは「なに？　当方を疑ってかかっているな」と先方は怒ってしまいます。ビジネス漢語も難しいでしょう。

3 "达成协议 dáchéng xiéyì" を「協議に達しました」と翻訳して大騒ぎ

　私は「国際貿易促進協会関西本部」(後の日中経済貿易センター)で三十年間勤務しました。その時の出来事をご紹介しましょう。

　ある時、会員企業から相談が持ち込まれました。なんでも「中国側が急に怒りだしたが原因が分からないので、とにかく明日、中国に同行して欲しい」ということでした。私は理由が分からないというのが大変気になり、すべての往復文書をお借りして一晩中寝ないで読みました。やっと理由が分かりましたので、翌朝は、「上海に着いたら起こしてね」と言って飛行機に乗るとすぐに、ぐっすり寝ました。

　相手の企業に着くと、先方は「合意したと言っておいて、まだごちゃごちゃ条件をつけて来る、日本側はけしからん」とかんかんに怒っていました。私は「とにかく怒らないで、理由を説明するから、まあ聞いてください」と低い声で言いました。そして説明すると「なあんだ！」と笑い始めました。

　実は漢語の"达成协议 dáchéng xiéyì"とは「合意に達した」という意味なのですが、日本側の通訳がこれを字面のみから「協議に達しました」と翻訳していたのです。日本側は「協議に入ったのだから」と色々条件について提案していたのですが、これでは中国側が怒るのも頷けますね。

　よく「一般の漢語ができればそれでビジネスができる」とおっしゃる方が多いのですが、「ビジネス漢語（中国語）」の用語と一般用語とは違うというのを学んでいないと、やはりとんでもないミスが発生して、思いもしないトラブルに巻き込まれてしまいます。

例えば、ビジネスでの「売り方」「買い方」とは「売る側」「買う側」という意味ですから、"卖方 màifāng""买方 mǎifāng"と翻訳すべきですが、"卖的方法 mài de fāngfǎ""买的方法 mǎi de fāngfǎ"、つまり「売る方法」「買う方法」と誤訳しているのをビジネス漢語検定試験でもよく見ました。これでは意味が通りませんね。やはり「ビジネス漢語」も「ビジネス日本語」も学ぶ必要がありますね。

　幾つか例を挙げますと、普通"进口 jìnkǒu"は「入り口」ですが、ビジネスでは「輸入」、"出口 chūkǒu"は通常は「出口」ですが、ビジネスでは「輸出」という意味で使用されております。"倒箱 dǎoxiāng"も「箱を倒す」ではなく「ケースの入れ替え」「包装の詰め替え」を指します。「船積み」"装船 zhuāngchuán"は会社で初めて目にした時に、字面から「え？　船を積むの？」と思いましたが、いまでも"装船 zhuāngchuán"は変な言葉だと思います。

　漢語の"贸易 màoyì"は「貿易」ではなく「取引き」を指しており、ですから国内取引を"对内贸易 duìnèi màoyì"略して"内贸 nèimào"、国外との取引を"对外贸易 duìwài màoyì"略して"外贸 wàimào"と表現します。

　"发票 fāpiào"も通常は「領収書」の意味で用いられ、"开发票 kāi fāpiào"は「領収書を出す」ですが、貿易ビジネスでは"发票 fāpiào"は「インボイス」つまり「貨物の送り状」で、"开发票 kāi fāpiào"は「貨物送り状を発行する」ことです。また、「マニフェスト」は一般には「政権公約」の意味ですが、貿易ビジネスでは"配载图 pèizāitú"と翻訳し、つまり貨物が「船に積みつけた場所の図面」を指します。　漢語の"质量 zhìliàng"を「質量」と翻訳する学生が多いのですが、日本語に問題ありますね。日本語の「質量」とは物理用語で、辞書を引くと「物体が有する固有の量」「原子の重さ」とありますので、「品質」と翻訳するべきです。逆に漢語の

"品质 pǐnzhì"は人間の「品性」にしか用いないと、私は中国で学びました。しかし、最近漢語も日本語の影響を受け始め、貨物、品物の品質に対しても"品质 pǐnzhì"と言い始めております。

　ここで一言。漢語では「売買」のことを"买卖 mǎimài"と表現しますので、ある時「漢語と日本語のどちらが正しいか」中国の友人と口論したことがあります。先に仕入れてそれから売るのですから、買うが先の漢語が正しいのでしょうが、私は「日本のように売り先をまず見つけてから仕入れたら、売り損ないがないでしょう、商人としては良い考えですよ」と説明し、納得させたことを思い出します。

4　受け取るは"接受 jiēshòu"、それとも"接收 jiēshōu"？

　「契約書を受け取りました」を"接受合同 jiēshòu hétong"と言って、トラブルになりました。

　国交のない時代、唯一の中国との取引の場となっていた、広州交易会での出来事です。

　交易会参加前に電報でやりとりをし、中国側から届いた契約書(案)に、日本側は「契約書を受け取りました」というつもりで、"接受合同 jiēshòu hétong"と返信しました。この時"我方已收到了贵方的合同 wǒfāng yǐ shōudàole guìfāng de hétong"と返信していれば問題にならなかったのです。漢語では"接 jiē"も"受 shòu"もいずれも受け取るという意味があります。ところが"接受合同 jiēshòu hétong"となると「契約書の内容を受諾した」という意味になるので、「日本側は、すでに契約内容を受諾すると返信してき

たのに、会場で会った途端にごちゃごちゃ言うとは何事だ」と中国側はかんかんに怒ってしまったのです。呼び出されて事情を聞き、中国側に謝罪説明して納得してもらいました。

「受け取り」の表現には、同じ"jieshou"という発音でも"接受 jiēshòu""接收 jiēshōu"の2種類があり、"接受 jiēshòu"の"受 shòu"は四声、"接收 jiēshōu"の"收 shōu"は一声です。さらに、"接受 jiēshòu"は「受諾」「受け入れる」、"接收 jiēshōu"は単に「物を受け取る」という意味で用いられますので、口頭通訳の際や話し合いの場では、四声にも十分気をつけなければなりません。例えば"贵合同已收悉 guìhétong yǐ shōuxī"「貴契約書すでに拝受致しました」という表現に言い換えるなどもお勧めです。

ここで一つお気づきかと思いますが、日本語は「契約書」「協議書」というように「書」がつきますが、漢語では"合同 hétong""协议 xiéyì"で「書」"书 shū"をつけません。これもトラブルが発生しやすい表現ですね。

3でご紹介した"达成协议 dáchéng xiéyì"も、"书 shū"「書」がついていれば「協議に達した」と翻訳しなかったでしょうが、なかったためにトラブルになりました。また"合同 hétong"「合同」は日本語でも「合同で何かをする」と同じ文字を使う言い方がありますので、"合同办好了 hétong bànhǎole"を日本側の通訳が「合同でちゃんとしました」と翻訳してしまい、喧嘩になりました。これも"书 shū"「書」がついていれば、「契約書はちゃんと手続きが済んで、用意できました」と翻訳したでしょう。中国側が"关于合同内容……guānyú hétong nèiróng""关于上次的协议……guānyú shàngcì de xiéyì"と"书 shū"「書」なしで話したばかりに、日本側は「合同で行う内容について」とか「前回の話し合い（協議）に関して」と勘違いしてトラブルが度々起きていました。

これらには"书 shū"「書」がついてないことがあることを、しっかり覚えておく必要があります。本当に通訳泣かせのビジネス漢語ですね。

5　重要な"情报 qíngbào"

「情報」を"情报 qíngbào"と書いたばかりに、スパイ扱いされ軟禁状態になった新聞記者の実話をご紹介しましょう。

現在の諸産業は情報なしには成り立ちません。現代は、ひと、もの、かね、情報が自由に飛び交う時代ですが、まだ国交もない時に中国で取材をしていた新聞記者さんは大変でした。

「鉄のカーテン」「竹のカーテン」がある時代、やっと民間の交渉が成立し、日本の新聞記者と中国の新聞記者が相互に相手国で取材できるようになり、私たちもとても喜んだことを今でもはっきり思い出します。

でも、ある記者が中国側の協力者に「貴重な情報を提供していただいて感謝します」とメモに書いたばかりに、スパイ扱いされホテルにかなり長期間「軟禁」状態に置かれました。

当時はみんな原因が分かりませんでしたが、後にお話をお聞きして、メモに「情報」"情報 qíngbào"と書いたので問題になったことが判明したのでした。実は漢語の"情報 qíngbào"は、「国家機密の情報」を指すので、こういう場合は"信息 xìnxī"と表現すべきです。

　現在よく言われている「情報産業」は、漢語で"信息产业 xìnxī chǎnyè"、「情報に精通している」は"信息灵通 xìnxī língtōng"と翻訳しなければならないのです。

6	従業員はみな「工作員」？

　日本語で「工作」と言えば、子供たちの「工作」を思い浮かべることでしょう。でも同じ漢字を書くのに漢語の"工作 gōngzuò"は「仕事」のことで、"作工作 zuò gōngzuò"は「仕事をする」以外に、「働きかける」「オルグする」などの意味で用いられています。

　以前、政府機関で働いている従業員の事を漢語では"工作人员 gōngzuò rényuán"と言いました。ところが日本人がこれを聞くと「工作員」と思い込み、ましてや国交もない時代ですから、中国側通訳から「私は一工作員です」と紹介された日本人は、やっぱり中国側にスパイされていると勘違いしていました。一寸考えると分かると思うのですが、スパイをする人が自分から「私はスパイです」と言うはずがありませんでしょう。でも冷戦時代はお互いにとても緊張していましたから、誤解が多々発生しました。

同じようなことを日本でも聞きました。中国から帰国した残留孤児の人々が、「近所の人がいつも私たちを監視しているのよ」と言うのです。おかしいと思って、あなたは「どういう時そう思うのですか？」と聞くと、隣近所の人は私が外出する時いつも「どちらへ？」「どちらへ？」と聞くのだ、私がどこへ行くのかいつも監視しているのだ、との事でした。

　どうです。誤解とはとんでもない所から発生するものです。そこで私が「漢語でも一緒でしょう。中国人は挨拶に"你吃饭了吗? Nǐ chī fàn le ma?"『お食事はお済みですか』と言うでしょう。でも日本人は『ご飯を食べたかどうかあなたと関係ないじゃないの』とこの挨拶を変に思うのですよ。あなたは別にご飯を食べたかどうか聞いている訳ではないでしょう。それと一緒で日本人の『どちらへ？』も挨拶で言っているので、別に『どこどこへ行く』と言わなくてもいいのよ。『ちょっとそこまで』『ちょっと』と答えればそれで良いのよ」と教えてあげました。挨拶文化の違いで発生するトラブルはまだ沢山あります。V-2 でご紹介していますのでご参照ください。

　「挨拶」という言葉自体も漢語では意味が異なります。日本語で書かれたスケジュール表を渡し、「今日は十時に挨拶に行きます」"今天十点钟去拜访 jīntiān shídiǎngzhōng qù bàifǎng"と代表団に説明しますと、みなが"挨拶! 挨拶! āizā! āizā!"と言います。漢語の"挨 āi"は「（あまり良くない事を）受ける」という意味で、"挨打 āidǎ""挨揍 āizòu"というのは、いずれも「殴られる」という意味です。"拶 zā"は「強いる」「強制する」ですから、代表団の皆様が"挨拶! 挨拶! āizā! āizā!"と言うのは「さあ！　堅苦しい目に遭いに行こうよ！」を連発しているのです。確かに挨拶は堅苦しいものですね！

Ⅳ　日中同字異議で起きる喧嘩

| 7 | サッカーで破門されたの？ |

丁度日本で相撲の八百長事件が起きていた頃の出来事です。学生から「先生、中国の新聞を見ていたら、"足球 zúqiú"『サッカー』の試合で"破门 pòmén"『破門』されたと出ていたのですが、何があったのですか？」と聞かれました。

漢語の"破门 pòmén"は「サッカーでゴールした」という意味なのです。教室で紹介したところ、学生たちはどーっと爆笑でした。

2013年1月の人民日報で、中国のサッカー界では12のクラブと58人が、「八百長」"虚拟比赛 xūnǐ bǐsài"（辞書では「八百長」には"猫儿腻 māornì"という訳が付いています）、「やらせ」"操纵比赛 cāozòng bǐsài"に関わったとして、一件につき罰金百万元が徴収され、賞状などはすべて返上させられ、多くの選手やコーチ、監督が数年間サッカーに携わる事を禁ずるという処分を受けたと報道されておりました。なんと中国サッカー界では「破門」事件が本当に起きておりました。

ところで、日本語の「八百長」とか「八百屋」「嘘八百」これも面白いですね。中国人によく「何故八百がつくの？」と聞かれますが、私は答えられません。こういうのを"知其然，不知其所以然 zhī qírán, bù zhī qí suǒyǐrán"つまり「このように言う、こうは言わないという事は分かるが、何故そうなのかは分からない」と言います。大学で教える際にいつも遭遇し、悩みます。

| 8 | 中国のスポーツは裁判沙汰？ |

　スポーツの「審判」のことを"裁判 cáipàn""裁判員 cáipànyuán"と言われた時は本当に驚きました。逆に、中国人に日本では「審判」"审判 shěnpàn"と言うのよと教えたら、彼らもびっくりしてしまいました。中国では裁判官を"审判员 shěnpànyuán"と言い、裁判することを"审判 shěnpàn"というからです。本当に同字異議です。裁判所は"法院 fǎyuàn"、法廷は"法庭 fǎtíng"、「求刑」は同じ"求刑 qiúxíng"です。ところが「求刑」と「休憩」が日本語では同じ発音なので、裁判官が「只今からきゅうけい（求刑）致します」と言ったのを、中国人の通訳が「只今からきゅうけい（休憩）致します」と訳して大騒ぎになったことがあったそうです。

　では"规律 guīlǜ""拘束 jūshù""案件 ànjiàn"はどういう意味でしょうか。

　漢語の"规律 guīlǜ"は「規律」ではなく、「法則」のことを言い、日本語の「規律」は漢語では"纪律 jìlǜ"と表現します。"拘束 jūshù"は「拘束する」ではなく、「窮屈」「堅苦しい」という意味で用いられます。よく日本人は「プロジェクト」の事を「案件」と言いますので、日本人通訳がこれを"案件 ànjiàn"と直訳したところ、それを聞いた中国側は大変驚きました。なぜかと言うと漢語の"案件 ànjiàn"は「犯罪事件」「裁判沙汰」を指す言葉だからです。

　"集思广益，寻求破局之道 jísī guǎngyì, xúnqiú pòjú zhī dào"。この文を字面のみで判断すると「みなで知恵を絞って、破局の道を見つけよう」となるでしょう。でも全く違います。漢語の"破

局 pòjú"とは「局面打開」という意味なのです。ですからこの訳文は「みなで知恵を絞って、局面を打開する道を探し出そうではないか」と呼びかけているのです。本当に漢語は面白いですね。

9　私は「大丈夫」じゃない！

　合弁会社を作った中小企業の社長さんの多くは、日本人も中国人も同じ漢字を書くから筆談で通じると信じています。でも行き違いも結構あるのです。

　ある合弁会社にお邪魔した時のことです。社長は筆談でなんでもいけると自慢しておられた方でした。明日、出張してもらおうと思って、ある従業員に「家の方は大丈夫か」と聞いたが、どうやら何か問題があるらしいのでちょっと聞いてくれないか、と言われました。

　中国人従業員に聞くと何も家の方は問題がないとのこと。そこでおかしいと思って社長は何と書いたのですか、と聞くと「家庭大丈夫？」"家庭大丈夫？ jiātíng dàzhàngfu?"と書いていたとのことでした。中国人はこれを見て「いいえ！」と答えました。漢

語の"大丈夫 dàzhàngfu"は「亭主関白」という意味もあるのです。ですから、彼はてっきり「君は家庭では亭主関白かい？」と社長が聞いたと思い、「いいえ！　我が家はかかあ天下」と言ったのですとのこと。因みに漢語で「かかあ天下」は、"气管炎 qìguǎnyán""気管支炎"と言います。勿論これは冗談です。"气管炎 qìguǎnyán"の"气 qì"が"妻 qī"と、"炎 yán"が"严 yán"と同音異字ですので、入れ替えると"妻管严 qīguǎnyán"「妻の管理が厳しい」と言う意味になり、よく宴席などで日中双方の男性方が「"妻管严 qīguǎnyán"のために乾杯」をしています。なかなかユーモアに溢れていると思いませんか。

10 「丈夫」と"结实 jiēshi" ――「夫は丈夫で留守がいい」

いきなり友人たちに"这条绳子结实吗？ Zhè tiáo shéngzi jiēshi ma?""结实不结实？ Jiēshi bù jiēshi?"と聞かれました。私はいつもメモ用紙と筆記用具を身につけており、今でも分からないことはすぐその場で「どう書くの？」"怎么写？ Zěnme xiě?"と質問して書いていただきます。これは是非皆様にもお勧めします。

この時も「え？　この縄に実がなる？」と驚きましたが、日本語の「丈夫」を漢語では"结实 jiēshi"「結実」と書くのです。つまり「この縄は丈夫なの？」と聞いていたのでした。ところで、漢語の"丈夫 zhàngfu"は「夫」「亭主」という意味ですから、まさに「夫は丈夫で留守が良い」ですね。「縄」と"绳"の字もちょっと違いますので要注意です。

オープンキャンパスでの出来事をご紹介しましょう。

関西外大孔子学院では中国式「組紐」を紹介する事にしていました。看板には"结绳 jiéshéng"と書いてありましたので、「縄結び」と読んだ高校生やご父兄に「消防結びとかをするのですか」と質問され、はっと気がつきました。つまり日本語では「縄」は太い物、「紐」は細い物と区別しておりますが、漢語では細くとも"绳 shéng"と言うので、誤解が発生したのです。早速これを利用して「いかが、漢語って面白いでしょう！」と説明致しました。

　ここで漢語のもう一つの特徴をご紹介しましょう。日本語では「この」「あの」「その」「どの」のすぐに後ろに名詞をつけることができます。でもまず、漢語では、「あの」と「その」を区別しません。いずれも"那 nà"と言います。そして「この」「あの」「その」「どの」の後ろに"量词 liàngcí"と言われる物をつけなければなりません。「ああ！　ややこしい！」ですね。

　「このコーヒー」も、カップ入りであれば"这杯咖啡 zhè bēi kāfēi"、缶入りコーヒーなら"这听咖啡 zhè tīng kāfēi"と"杯 bēi""听 tīng"をつけます。紐のように細い物は"条 tiáo"、犬も一般には"这只狗 zhè zhī gǒu"ですが、ダックスフントのような犬は"这条狗 zhè tiáo gǒu"と"条 tiáo"をつけますし、細い物でも鉛筆等は"这支铅笔 zhè zhī qiānbǐ"と"支 zhī"を使うなど、日本語と同じようにそれぞれ物によって変わりますので大変です。分からなかったら"些 xiē"とか"种 zhǒng"などの「複数」表現で切り抜けてください。

11　微妙に違う "爱 ài" の話

　最初に学ぶ"你好！ nǐhǎo"、これを「こんにちは」とのみ教えるのはもったいないことです。「"好 hǎo"は『好き』でしょ。でも"你好！ Nǐhǎo!"は『あなたが好き！』と言っているのではありません」と説明し「好きは"爱 ài"とか"喜欢 xǐhuan"と言います」と続けます。"喜欢 xǐhuan"を字面のみで理解すれば「喜」「歓」で「歓喜」ですよね。では「喜ぶ」「歓ぶ」「歓喜する」は漢語ではどう言うでしょう。"高兴 gāoxìng"つまり「興が高じる」ですよ、と紹介致しました。どうです？　こうすれば、初日から「漢語はおもしろいな！」とみな感じてくれるでしょう。

　そしてついでに、漢語には一切「てにをは」がないので、単語をどこに置くのか、その場所が極めて大事な言語である事を"我爱你 wǒ ài nǐ" "你爱我 nǐ ài wǒ"の例で紹介し、位置を間違えると逆になると強調しました。

　上級になると、日本語でいう「連れ合い」を意味する"爱人 àirén"「愛人」を紹介致します。日本語の「愛人」と字がちょっと異なるので、漢語の"爱 ài"は「友を受け入れる」で、日本語の「愛」は「心を受け入れると覚えてね」と比較しながら教えますとみなしっかり覚えて書き間違いがなくなりました。文字が少し異なるだけではなく、意味も全く異なりますね。

　最近、尖閣諸島問題、中国では釣魚島問題で反日運動が盛り上がり、"爱国贼 àiguózéi"「愛国賊」という流行語が生まれました。愛国を名乗って"打砸抢烧 dǎ zá qiǎng shāo"「叩き壊したり奪ったり放火する」暴徒化した連中を表現しているそうです。

Ⅳ　日中同字異議で起きる喧嘩

"爱国 àiguó"と「愛国」、"爱护 àihù"と「愛護」、"爱称 àichēng"と「愛称」(「称」と"称"の字の形が少し違う)、"爱情 àiqíng"と「愛情」は漢語と日本語で同じ意味ですが、"爱好 àihào"("好 hào"の字を四声に読む)は「愛好」「趣味」「好み」の意味になります。「愛車(好きな車)」を"爱车 ài chē"と翻訳すると「車が大好き」になるので、"喜欢的车 xǐhuan de chē"と表現すべきです。「愛玩(好きな玩具)」は"爱玩 ài wán"「遊ぶのが大好き」ではなく"喜欢的玩具 xǐhuan de wánjù"と表現しなければなりません。「愛敬＝愛嬌」"爱娇 ài jiāo"は「甘やかすことが好き」、「愛蔵」"爱藏 ài cáng"は、「よく隠れる、よく物を隠す、隠れたり、隠すのが好き」という意味です。「愛唱歌(好きな歌)」は"爱唱歌 ài chàng gē"とすると「歌を歌うのが好き」という意味になりますので、"喜欢唱的歌 xǐhuan chàng de gē"と表現しなければなりません。面白いでしょう。

　帯という字は日本語は「帯に帯有り」ですが、漢語の"带 dài"はご覧の通り、一本少なくなっていますので、冗談交じりで「帯に帯なし」ですよと教えています。

　「隆」と"隆 lóng"、「徳」と"德 dé"、「恵」と"惠 huì"、「葛」と"葛 gé"、「喝」と"喝 hē"、「渇」と"渴 kě"、「変」と"变 biàn"、「骨」と"骨 gǔ"(骨の刺さっている方向が異なり、一画減る)、「巣」と"巢 cháo"、「経」と"经 jīng"なども日本語と漢語の形の違いに注意するように教えます。"经 jīng"(スエと書くよう指導)はさらに"圣 shèng"「聖」との区別にも注意を促します。また、「腸」"肠 cháng"、「場」"场 chǎng"、「楊」"杨 yáng"、「揚」"扬 yǎng"などのつくりは漢語で"勿"となりますが、「易」は一本少ないのでそのまま"易 yì"と書きます。「浅」"浅 qiǎn"、「銭」"钱 qián"など、元の字が「淺」「錢」のように二つ重なっていたものは、漢語では

日本字より一本少ないと、学ぶ際に前もって説明すると間違いが減りました。このような例は枚挙にいとまがありません。

12　1日で「老婆」になる方法

　合弁会社の社長さんが、ある日従業員から"明天我给您介绍我老婆 Míngtiān wǒ gěi nín jièshào wǒ lǎopo."と言われ、「明日私の老婆をご紹介します」という意味だと思ったそうです。ところが連れて来たのは若い女性、つまり彼の妻だったので「また騙された！」と思い、「昨日君はお母さんを紹介すると言ったじゃないか」と問いただすと、社員は「社長に嘘は言っていません」と突っぱねました。

　実はこの"老婆 lǎopo"は漢語では自分の妻を指すのです。ですから女性が結婚すれば、翌日から中国では"老婆 lǎopo"となります。漢語の授業では「ローマは一日にしてならず」と言うところを、「日本では老婆は一日にしてならず、最低五十年はかかりますが、中国の老婆は一日にしてなる。なぜでしょう」と紹介し、みなを

楽しませました。ちなみに「ローマは一日にしてならず」に対応する諺は"冰冻三尺非一日之寒 bīng dòng sān chǐ fēi yírì zhī hán"「3尺（1メートル）の氷は1日の寒さではできない」と言います。

　妻から夫に対する呼称は"老公 lǎogōng"、うちの宿六（やどろく）というような表現では"老头儿 lǎotóur"などの言い方があります。仲の良い夫婦であれば互いを"老伴儿 lǎobànr""爱人 àirén"と言ったりもしますが、妻に対しては親しみを込めて"老婆 lǎopo"と呼称する人が殆どです。

　漢語では祖父、祖母など親戚の呼称が父方と母方と細かく分けられています。今では一人っ子政策でかなり複雑さは減ったかも知れませんが、例えば「おばあさん」「ばーば」と孫が呼んだら、日本では父方のおばあちゃんも母方のおばあちゃんも「はい」と答えるでしょう。でも中国では父方は"奶奶 nǎinai"、母方は"姥姥 lǎolao"と呼び、祖父も父方は"爷爷 yéye"、母方は"外公 wàigōng"と呼びます。妻が夫の父を指す時は"公公 gōnggong"、夫が妻の父を指す時は"岳父 yuèfù"と呼んで区別されています。しかし、妻が義理の父親を直接呼ぶ際は、「お父さん」つまり"爸爸 bàba"と呼ぶのです。

　また日本では田舎の方は母親を「お袋」と言うように、中国でも田舎の方は親しみを込めて"娘 niáng"と言います。初めて小説で見た時は驚きました。では「娘」はというと"姑娘 gūniang"と書きますが、"姑 gū"は日本語では「しゅうとめ」ですから、これも面白い表現ですね。"老大娘 lǎodàniáng"、字面では「老いた背の高い」と「娘」という反対のものを結びつけているように見えますが、これは「おばあちゃん」「おばあ様」と言っているのです。

　中国では「ミス～」とか、ホテルやお店で女性店員さんに呼びかける際は"小姐 xiǎojiě"と言うのだと教えてもらいました。し

かし、今"小姐 xiǎojiě"はバーなど接客業に従事する女性を指すので、一時は中国の方々もどう呼称を変えればいいのか悩んでいました。最近では若い女性にも年配の女性に対してもみな"美女！Měinǚ!""美女！ Měinǚ!"と呼称するそうです。

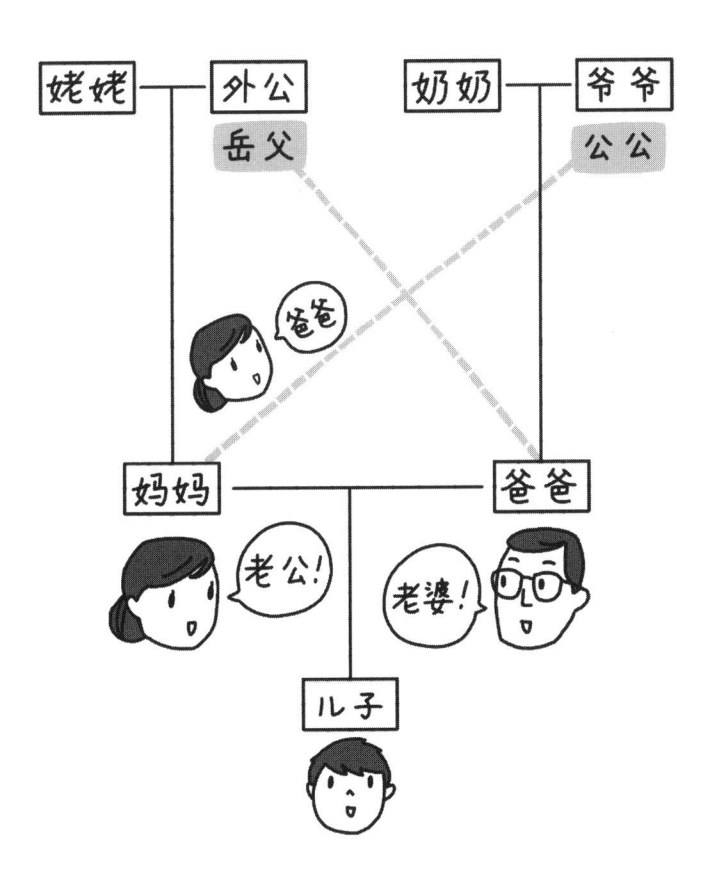

姥姥	―	外公		奶奶	―	爷爷
		岳父				公公

（爸爸）

妈妈	―	爸爸

（老公！）　　（老婆！）

ル子

| 13 | 「告訴」します!? |

　これも合弁会社でのお話です。筆談で中国人の社員が"以后我告诉社长 yǐhòu wǒ gàosu shèzhǎng"、別の会社の中国人社員も"明天我告诉田中先生 míngtiān wǒ gàosu Tiánzhōng xiānsheng"と書いたので、社長は大いに驚いて私の所へ相談に来られました。

　文字から判断すれば「今後私は社長を告訴します」「明日田中さんを告訴します」ですよね。実は漢語の"我告诉社长 wǒ gàosu shèzhǎng"は「私は社長にお知らせ致します」、"我告诉田中先生 wǒ gàosu Tiánzhōng xiānsheng"は「私から田中さんにお知らせ致します」です。

　定年退職社員の歓送会式次第を書いていた時のトラブルです。「社長が告げる言葉」という意味で日本式に「社長告辞」"社长告辞 shèzhǎng gàocí"と書いたところ、社員たちが騒然となり「社長が何故急に辞めるのだ」となったそうです。また、関西外国語大学の留学生入学式でも、式次第に「学長告辞」と書かれているのを見て中国人留学生が驚き、質問して来ました。「どうして式が始まったらすぐに学長は失礼して席を立つことになっているのですか」。やはり漢字でひっかかっておりますね。

　漢語では「では私はここで失礼致します」は"那么我先告辞了 nàme wǒ xiān gàocíle"と表現します。お分かりいただけたでしょうか。"告辞 gàocí"とは「別れを告げる」という意味なのです。

14　"走 zǒu"「走」と "去 qù"「去」

　日本人が「中国人とは筆談で意思疎通ができる」と信じていて発生した行き違いを、もう一つご紹介しましょう。

　中国の従業員が"社长走 shèzhǎng zǒu"と書いたので走り始めると「袖をひっぱってゆっくり歩きましょう」と言う。君が走ろうと言ったじゃないか？式です。漢語では"走 zǒu"は歩くという意味で、走るは"跑 pǎo"と書くのです。

　「去る」と"去 qù"は一層複雑で、"去 qù"は「行く」という意味でも用いるし、動詞の後ろにつけて動詞の方向を示す場合もあるのです。

　お客さんを送る際、日本語では「是非また日本へお越しください」と表現し、これは中国でお別れする際も、日本でお別れする際も同じように使えるのですが、漢語では相手の立場で考えるので、使い分けがあります。

　例えばお母さんが子供に「早く来なさい！」と声を掛けた時、子供が"我就来！ Wǒ jiù lái!"と答えるのを耳にした時は驚きました。日本では「すぐ行きます！」だから"我就去！ Wǒ jiù qù!"であるべきですよね。

　これと同じことで、もし中国でお別れする際「是非また日本へお越しください」というのは"欢迎您再去日本！ Huānyíng nín zài qù Rìběn!"と言わなければならないし、日本でお別れする際は"欢迎您再来日本！ Huānyíng nín zài lái Rìběn!"と表現しなければなりません。ちょっと芸が細やかで、ややこしいですが、中国人の気持ちが伝わりますよね。

15　「一体」と"一体 yìtǐ"は一体どこが違うの

　日本語の「一体」には沢山の意味が込められており「一体」どう使えば良いのか迷いますね。

　尖閣問題で木寺駐中国大使が「官民一体」で日中関係打開をと呼びかけられました。これを日本人はついつい漢字にひかれて"官民一体 guānmín yìtǐ"と訳してしまいますが、中国人留学生から「その訳では中国人には通じない」と言われました。漢語と日本語で「一体」が共通する場合と異なる場合があるようです。

　共通する場合というと、"三位一体 sānwèiyìtǐ"と「三位一体」、"融为一体 róngwéi yìtǐ"と「融け合って一体となる」、「渾然一体」と"浑然一体 hùnrán yìtǐ"、「表裏一体」と"表里一体 biǎolǐ yìtǐ"、「同功一体」と"同功一体 tónggōng yìtǐ"などの例が挙げられます。

　しかし、「夫婦一体」は"夫妻齐心协力 fūqī qíxīn xiélì"と、「職住一体」は"居住在工作地点（居住在公司里）jūzhù zài gōngzuò dìdiǎn（jūzhù zài gōngsīlǐ）"と、「家族が一体となって働く」は"全家人同心协力 quánjiārén tóngxīn xiélì"と、「金融緩和、成長戦略一体で〜」は"缓和金融政策、经济增长战略双管齐下 huǎnhé jīnróng zhèngcè、jīngjì zēngzhǎng zhànlüè shuāngguǎn qíxià"と、「世間一体から馬鹿にされる」は"被整个社会唾弃 bèi zhěnggè shèhuì tuòqì"と、「税制改革で一体改革の残された課題を解決」は"要解决剩下的课题――即与税制改革同时进行改革的课题 yào jiějué shèngxià de kètí――jí yǔ shuìzhì gǎigé tóngshí jìnxíng gǎigé de kètí"と、「一体何を考えているのか」は"究竟你想什么？Jiūjìng nǐ xiǎng shénme?"と、「一体全体どうするのか」は"究竟

你想怎么办？Jiūjìng nǐ xiǎng zěnme bàn?"のように翻訳すべきで"一体 yìtǐ"は使えません。従って「官民一体」は"官方和民間要齐心协力 guānfāng hé mínjiān yào qíxīn xiélì"と翻訳しました。

16 「関電」と"关电 guāndiàn"
関西電力は電気を止める会社？

　3.11東日本大震災、原発事故の影響で、昨今、関西電力の原発がほとんど稼働停止となり、電気供給は大変な時代になっております。

　約40年前の1972年、清朝との修好条約締結以来100年振りに、中国と日本の国交が正常化しました。これを記念して1974年、東京と大阪で中華人民共和国展覧会が開催されることになり、協力会が結成されました。私は日本国際貿易促進協会関西本部からの派遣要員としてこの協力会事務局の活動に参加しました。

　この協力会には大阪府・大阪市・関西の経済団体、商工会議所、日中経済協会や近鉄、大阪ガス、関西電力など各方面からの人々が集まって活動を展開し、おかげで、大阪の展覧会は史上最高の600万人を超す参観者が押しかけ大成功を収めました。展覧会終

Ⅳ　日中同字異議で起きる喧嘩　81

了後、協力会事務局員で「にいはおかい」(你好会 Nǐhǎohuì)を結成しました。あれからすでに三十数年経っていますが、「にいはおかい」はいまだにずっと中国総領事館の方々と交流を続けております。

その展覧会での出来事です。関西電力の略称は「関電」ですから私たちはなんとなく平気で"关电 Guāndiàn"「関電」と訳していましたが、ある時中国側から「どうりでいつも電気を切る会社だな！」と冗談半分で言われ、ああそうだ！と気づきました。

実は漢語で電気をつけることを"开灯 kāi dēng"といい、電気を消すことを"关灯 guān dēng""关电 guān diàn"と言うからです。しかも展覧会の工事中によく停電したので、みなに「やっぱり関電"关电 guān diàn"だ」などといわれました。

でも今日この頃は、原発が稼動しなくとも、どんなに大変でも、電気を止めてしまう「関電」になって欲しくないものです。

17	"得体 déti"の服とは

　ある時、中国のデパートで訪中団の一員から「得体の知れない服」とは何ですか、と質問されたのです。一瞬何が起きているのか理解できませんでした。「あそこ！」と言われてよく見ると"得体服装 déti fúzhuāng"とありました。漢語の"得体 déti"とは体にぴったりで相応しいという意味があるのです。

　アパレル関係では表現の違いでよくトラブルがありました。たとえば「裄丈(ゆきたけ)」を「袖丈」"袖长 xiùcháng"と訳してしまったので、とんでもなく袖の長い服が届きました。実は中国側からも何度も数字が間違っていないかと問い合わせがありましたが、日本側は「裄丈」と思い込んでいましたので、間違いないと返事していました。中国側も最後には、中国京劇の俳優さんが着る昔の中国民族服は袖が長かったし、チベット人の民族衣装も袖が長いので、日本でもそのような長い袖の服が流行しているのではと思ってしまったとのことでした（さらに言えば「裄丈」という概念は和服にのみあり、漢語では表現不能だったのです）。

　また"裾 jū"「裾」という文字は漢語にもあるのですが、「身頃、前身頃、後身頃」という意味ですので、「裾」と書いても全然通じないはずです。

　"衣料 yīliào"を日本語の「衣料」と思って話をすすめていたら、"请日方提供衣料 qǐng Rìfāng tígōng yīliào"「日本側が衣料を提供」？ なんだか話が噛み合わなくて、と相談がありました。漢語の"衣料 yīliào"とは「生地」を指し、「どうか日本側より表地（生地、布地）を提供して欲しい」という意味ですと説明したところ「なー

Ⅳ　日中同字異議で起きる喧嘩

んだ！」ということもありました。

　因みに"毛衣 máoyī"は「毛革の衣」でなく「セーター」、"床单 chuángdān"は「シーツ」、"裙子 qúnzi"は「スカート」です。ですから"迷你裙 mínǐqún"は「貴方を迷わすスカート」ではなく、「ミニスカート」のこと、でもこの表現は素晴らしいですね。確かに「ミニスカート」には「人を迷わす効果」があります。

　アパレル製品、服飾品の輸入を拡大するため、最後に私はとうとう『日漢縫製辞典』（自主出版、すでに絶版）を作り上げ、関係業者の皆様に大変好評をいただきました。

18　「急用がある」"要急用 yào jíyòng"と言ったら相手も慌てたのはどうして？

　漢語の"急 jí"には「急な（流れ）」「激しい」「切迫している」「急ぐ」「緊急事態」「急務」など多くの意味があり、"当务之急 dāng wù zhī jí"「当面の急務」、"急人之所急 jí rén zhī suǒjí"「人々の急ぐことをまず行う」などの表現があります。せっかち、短気は"性急 xìngjí""急性子 jíxìngzi"と表現し、"急了！ Jíle!"「焦る」、"別急！ Bié jí!"「慌てるな」、"真急人 zhēn jí rén"「本当に人をいらだたせる」「気をもませる」という意味ですが、「かっとなる」「怒る」も"急了！ Jíle!"と表現します。

　日本人が「急用があるので今出ます」というつもりで"要急用 yào jíyòng"と言ったところ、中国人従業員たちは大急ぎで作り始めました。驚いて「何をそんなに慌てて作りだしているのか？」と聞くと「貴方が急いで用いる必要ができた、とおっしゃったで

はありませんか」と答えました。漢語では"要急用 yào jíyòng"は「急いで用いる必要がある」なのです。では、「急用」はというと、"急事 jíshì"で"有急事 yǒujíshì"と言うべきなのです。"急便 jíbiàn"はV-1で紹介していますが、元々中国には「宅配便」という文化がなく、日本から導入されたものです。今ではかなり普及定着しておりますので、"宅急 zháijí"は漢語になりそうです。"急流 jíliú"は日本語と同じですが、"上流 shàngliú"は日本語の「上流」以外に「上層」という意味で用いられます。漢語の"下流 xiàliú"は前に河川の名前がつけば「下流」という意味もありますが、ほとんどの場合は「下品」「下賤」「卑しい」「下劣」という意味で用いられますので要注意です。アパレル商談の場で製品の「川上」や「川下」の話になり、日本側通訳が「川下の業界」に"下流 xiàliú"を使ったので中国側はかんかんに怒り始めました。「下賤な業界」と言われたら誰でも怒りたくなりますよね。このような場合は必ず「川上」は"上游 shàngyóu"、「川下」は"下游 xiàyóu"と翻訳すべきでしょう。

19　漢方医薬界での出来事

　国交正常化後、真っ先に東京・大阪で、生薬展覧会が開催され、漢方医薬の技術は中国が世界一でありますので、大変注目されました。展示品に日本語の説明書をつける必要が出てきましたが、専門用語が多いので困ってしまい、大阪大学の先生方にお願いしてチェックしていただきました。これがご縁で、翌年、先生方の長年の念願であった中国でのフィールドワークが実現致しました。ところが帰国後、先生方から苦情が寄せられたのです。日本側は通訳がおりませんので、中国側が旅行社の通訳をつけてくれたそうですが、漢方生薬の名前がこれまた大変でして、トラブル続きだったそうです。例えば日本側が生薬の「人参」と言ったのに、通訳者は野菜のニンジンと思い、"人参 rénshēn" と訳すべきところを "胡萝卜 húluóbo" と訳してしまったり、「秦艽」"秦艽 qínjiāo" を発音がよく似ている "青椒 qīngjiāo"「ピーマン」と訳してしまったりしたそうです。本当に翻訳・通訳は難しいですね。という事で翌年から私が俄か勉強、付け焼刃でこの通訳を引き受ける羽目になりました。でもお蔭で健康に留意し、鍛えることになりました。というのも、生薬研究者や大学の先生方は常に学生を引率して山登りし、フィールドワークされているので、山に行ってもすたすた歩き、通訳の私がへこたれては仕事にならないのです。そこで、その年からフィットネスクラブで体を鍛え始め、この訪中団に十数年同行いたしました。

　この一行の乗った飛行機が草ぼうぼうの「空港」に不時着した時のことです。

生薬の先生方は喜んで、飛行機を降りるとすぐに植物採集にかかったのです。それを見た他の日本人旅行者もつられて探し始めました。ある先生が「あ！　せんかくそうだ！」と言いました。いまでは「せんかく」と聞けば尖閣列島の尖閣を思い出すかも知れませんが、実は「千鶴草」、俗にいう「げんのしょうこ」です。種の部分が嘴のように尖っていて、鶴の頭に似ているのでこう呼ぶのだそうです。日本人はみなびっくりしていました。

　ある時この団が長城へ行くことになりました。普通、旅行者は城壁を登るのですが、生薬の先生方は全員山の斜面に降りて植物探しを始めました。丁度居合わせた日本人観光客はびっくりして「何かお探しですか」「何か落し物でもしたのですか」と聞かれました。私が説明していると「あ！　おうごんだ！」「黄金があった」「あ！　最高だ」と叫んだので、日本人観光客は「え？　黄金？」と大騒ぎになりました。そこで私が「『おうごん』は『おうごん』ですが、生薬の"黄芩 huángqín"で『黄金』ではありません、『最高』は"柴胡 cháihú"なのです」と説明すると、みながどっと大笑いしました。今度はそれを見ていた中国の観光客が驚いて「どうしたのか？」と聞くので、経緯を説明したところ、中国人も大笑いしました。多分その日は、多くの観光客が、普通では体験できないような、とても面白い長城観光を体験されたのではないでしょうか。

20　"野菜 yěcài" って野菜ではないの？

　日本では蕨(わらび)、薇(ぜんまい)などは、昔から農家のおばさんたちが山で採取していましたが、色々な事情で中国から輸入する必要が出てきました。交渉するとまず中国人から「えっ！　日本にはそんなに食べ物がなくて困っているの？」という質問が出ました。どうしてそう思うのかと聞くと、中国では「山菜」は飢饉の時の食物との事でした。

　そこで、次に行く際に沢山日本の山菜料理を持参し、まず皆様に味見していただきましたところ、山菜料理ってこんなに美味しいの！という反応が返ってきました。今では広東料理の前菜に"野菜 yěcài"蕨薇料理がでるほどです。

　つまり漢語の"野菜 yěcài"とは、日本で言う「山菜」のことなのです。今では中国の山菜が日本のスーパーでもよく売れておりますが、開発者はいつも苦労しております。因みに「野菜」は漢語で"蔬菜 shūcài"と表現します。初めて来日した中国人からは、相変わらずと言ってよいほど、町で見かける「八百屋」「野菜」の文字について必ず質問されます。

　面白い例を幾つか挙げてみましょう。大阪ではピーナッツを「南京豆」とも言いますね。なぜ「南京」がつくのかと南京の方から質問され困りました。漢語の"臭虫 chòuchóng"も日本語では「南京虫」と言い、これも質問されました。日本でも「落花生」と言いますが、まさに文字通り花が土の中にもぐってできるので「落花生」で、ここから漢語では"花生 huāshēng"と言います。植物の特徴をうまく表現し、文字から子供たちが植生の知識を得られ

るのです。"蚕豆 cándòu"はその形からつけた名前とかで、日本語の「ソラマメ」です。"毛豆 máodòu"は「枝豆」ですが、枝豆の冷凍品は毛があると見栄えが悪くなるということで、現在中国で栽培され、冷凍加工して対日輸出される「枝豆」は毛のない品種とのことです。

　次に「米」の面白い例、日本語では「アメリカ」を「米国」と書きますが、漢語では"美国 měiguó"と表現するので、昔よく「中国人はアメリカが大嫌いなのに何故美国と表現するの」と質問されました。実はカタカナがないから「ア_・メ_・イリカ」「ア_・メ_・イリカン」の「メイ」の音から取ったのですよと紹介しました。漢字には意味があるので、カナのない国は大変ですね。"米 mǐ"「米」という文字は漢語ではその前に数字が来れば「メートル」です。その他に"花生米 huāshēngmǐ"は皮も渋皮も除去された落花生を指し、"大米 dàmǐ"は「白米」「お米」、"小米 xiǎomǐ"は「粟」、"玉米 yùmǐ"は「メイズ」「とうもろこし」を指します。"心里美 xīnlǐměi"はなんでしょうか。文字からの直訳「心の中(芯)は美しい」のとおり、見た目は何の変哲もないただの青首大根ですが、切ると中から美しい赤や紫の模様がでてくるのです。

"心里美"
(© フーズリンク「旬の食材百科」)

21　この会社は火の車！

　よく日本人は中国人と同文同種だから文字を書いたら通じると思う方が多いのですが、失敗例は枚挙にいとまがありません。

　合弁会社の社員が"坐火车去公司 zuò huǒchē qù gōngsī"と書いたので、社長はびっくりしました。「え？　会社が火の車なので会社を去る（辞める）の？」。

　実は漢語では蒸気機関車で走る汽車を"火车 huǒchē"、つまり石炭に火をつけて燃やして走らせる車と表現し、"汽车 qìchē"「汽車」とは、"汽油 qìyóu"「ガソリン」で走る車を意味するのです。

　最近では"打的 dǎdī"「的を打つ」ではなく「タクシーを拾う」「タクシーに乗る」というのもあります。なんでも「タクシー」を南方の広東語では"的士"と書いて「テクシー」と発音しているのでこれを採用したとのことです。"打车 dǎchē"も反日デモのように「車を叩き壊す」ではなく、「車・タクシーを拾う」です。でも、「車を拾う」という言葉を初めて聞いた中国人留学生もびっくりしていました。

　漢語を学ぶ人が困る発音の一つが「タクシー」"出租汽车 chūzūqìchē"ですから、特にそり舌音が難しい人々は喜んで使用し、最近ではよく"打的 dǎdī"を耳にします。これなら私たち日本人にもずっと発音しやすいので助かります。大いに利用しましょう。

　最近中国に"动车 dòngchē"と"高铁 gāotiě"が誕生しました。電気で動くのですが「電車」ではなく"动车 dòngchē"と表現し、「高速鉄道」日本式表現で言う「新幹線」を"高铁 gāotiě"（高速鉄道の略称）と表現しています。

22　嘘も"方便 fāngbiàn"！

　日本では「嘘も方便」とよく言いますが、"方便 fāngbiàn"は漢語では色々な使い分けがなされていますので、ご紹介致しましょう。
　"您方便不方便？ Nín fāngbiàn bù fāngbiàn?"は「あなたのご都合はいかがですか」「ご都合がよいですか」、"办事方便 bànshì fāngbiàn"は「仕事をする上で便利です」ですが、"我去方便一下！ Wǒ qù fāngbiàn yíxià!"は、ちょっと席を立ってトイレに行く際に用いる上品な表現です。コンビニは"便利店 biànlìdiàn"、"手头不方便 shǒutóu bù fāngbiàn"は「手元不如意」という意味です。
　ところで中国へ進出する際、中国側が紹介する"交通运输都很方便。Jiāotōng yùnshū dōu hěn fāngbiàn."は、要注意です。日本では電車、新幹線はほぼ数分おきに時間通りに運行しますし、飛行機、トラックの輸送なども「便利」なので、最近の沿海大都市ではどうか分かりませんが、日本の常識でもって中国人が言われる"方便 fāngbiàn"を「便利」と受け取ったら大きな誤解が生じ、後で騙した騙されたと大変な問題になります。日本の常識は他国では非常識なのです。
　内陸部へ行くと、近くにアスファルトの道路がある、駅が近くにあるだけで、たとえ1日1本でも列車があれば「便利」と表現されます。ないところが圧倒的に多いからです。
　ついでに「電気の大丈夫」「水の大丈夫」「場所の遠近」の感覚、比較が違うことをご紹介しましょう。さすが中国は大きな国だと思いますよ。
　日本側が「電気は大丈夫ですか」と曖昧な質問をすれば"没问

題 méi wèntí"（「問題ない」というより「任しておきなさい」という意味の方が強い表現です）という返事が返ってきます。「日本のワープロは悪い」と言われたことがありましたが、よく聞くと「入力途中で文字データが突然パアーっと消えてしまうのだ」とのこと、つまり瞬間停電があるのです。また、瞬間的、一時的に電圧が下がったり、突然停電したりすることがよくあります。同行の新聞記者が夜ホテルで充電する時は、充電中は寝ないでねと注意しました。

　実際に中国での合弁工場で発生した事故をご紹介致しましょう。急に機械が止まったので、日本人技師は機械の故障かと思って、首を突っ込んで一生懸命修理していたところ、突然ゴーっと動き出し、大怪我をしました。つまり止まった原因は停電だったのです。今でも内陸部では決して電気事情が良くないようですので、突然停電する可能性をいつも頭に入れていただきたく思います。

　また、水も日本のように蛇口を開くとすぐ飲める状態ではありません。染色効果が悪いのは水が硬水で、水の中に鉱物質が多く含まれているためなので、中国にホテル、飲食店、食品加工や染色関係業者が進出する際は、いつも水の軟水化処理を提案しました。

　おそらく今でも中国人に道を聞くと「ああ！　歩いてすぐだよ」と教えてくれるでしょう。日本人の感覚で「近い」、歩いて「すぐ」は歩いて5分か10分、せいぜい30分以内でしょう。でも中国では「近い」と言われても、歩くこと1時間でもなかなか到着できません。ましてや内陸部、山間僻地ではなおさらで、多分2時間くらい歩いても近いうちに入るでしょう。大きい、小さい、遠い、近い、便利、不便など比較する用語には、中国の事情や日本との違いを十分考えるようお勧めします。こんなことから「騙された」「嵌められた」などと誤解が生まれやすいのです。

23　便宜を図り、便宜を貪って嫌われる？

　漢語の"便宜 piányi"は価格が安いという意味と、日本語の「便宜」という意味とがあります。そこで混乱が発生し"图便宜 tú piányi"を見ると「便宜を図る」と理解してしまいますが、漢語の"图便宜 tú piányi""贪便宜 tān piányi""贪图便宜 tāntú piányi"の意味は「ちょろまかす」「つまらない利益を貪（むさぼ）る」というマイナスイメージがある言葉なのです。

　ついつい日本語にひきずられて、「どうか少し便宜をお図りください」を"请便宜一点 qǐng piányi yìdiǎn"と訳してトラブったケースを見ました。"请便宜一点 qǐng piányi yìdiǎn"は「どうか少し価格を安くしてください」という意味なのです。「どうか少し便宜をお図りください」は"请多提供方便（条件）！Qǐng duō tígōng fāngbiàn (tiáojiàn)!"とでも言うべきでしょう。ご注意ください。

　「あれ？」とお気付きと思いますが、"便宜 piányi"の"便"の文字の読み方が、"便 biàn"ではなく"便 pián"に変わりましたね。漢語では数少ない音が変化する文字の一つです。

　日本語の「便」は色々な使い方があり、誤解された例を幾つかご紹介しましょう。

　ある日本人社長が日本に物を託送しようとして「便があるか」と中国人従業員に聞いた所、漢語の"便 biàn"には「お通じ」という意味もあるので、"有大便了吗？ Yǒu dàbiàn le ma?"「お通じがあったか」という意味に誤解されたそうです。

　こんな調子で「定期便」「次に行く便に乗る」「便乗する」を見た中国人はどう理解したでしょう。「郵」は「郵送」"邮寄 yóujì"

Ⅳ　日中同字異議で起きる喧嘩　　93

ですから「郵便」をどう理解したでしょうか。「急便」については V-1 をご参照ください。「定期便」も「航空便」は "班机 bānjī"、「船便」は "班轮 bānlún" と漢語では表現します。「定期便」「航空便」「船便」での失敗談を話した際は、みんなでお腹を抱えて大笑いしました。

24 一秒油が断たれたら、どうして私のせいになるの？

まだ中国でも縦書きして、右から読む習慣が残っていた頃の出来事です。

「本日大売出し」と書いた日本のデパートの横断幕を見た中国人から「どうしてデパートが日本を売り出すのですか？」と質問され初めて気が付きました。当時、中国では横書き文字は右から読む習慣でしたから、「出賣大日本」" 出卖大日本 chūmài dàrìběn" となり、つまり「大日本を売り出します」となるのでした。でも現在使用する簡体字では、「殻」という意味の "売 ké" という文字がありますので、「出売大日本」は「殻から出た大日本」と理解されるかもしれませんね。

また、第一次オイルショックの時の話ですが、交通標語に「油断一秒、怪我一生」とありました。これを中国人は " 油断一秒,

怪我一生 yǒu duàn yìmiáo, guài wǒ yìshēng"と読み、「どうして一秒油が断たれたら、私のせいになるのか」と質問してきたのでびっくりしました。漢語の"怪我 guài wǒ"とは「私のせいです」「私が悪いのです」という意味になるのです。

漢字のメリット、イメージをうまく活用した広告の良い翻訳例をご紹介しましょう。

第一位はなんといってもサントリーでしょう。"三得利 Sāndélì"は発音も近く、しかも「生産者、販売者、消費者の三者にとって共に利益が得られる」という意味になるからです。

"奔驰 Bēnchí"「ベンツ」は、"奔 bēn"が「奔走」の「奔」ですし、"驰 chí"は「馳せ参じる」につながる文字ですので、これも大変良い訳語ですね。

トヨタ自動車が最初に中国で採用した広告は、中国人なら誰でも知っている唐詩をうまく活用していて、"车到山前必有路，路上必有丰田车 chē dào shānqián bì yǒu lù, lùshàng bì yǒu Fēngtián chē"というキャッチコピーの入ったものが、大都会の街角のあちこちに貼られていました。"大众车 Dàzhòngchē"「大衆車」と訳されたフォルクスワーゲンのタクシー車が導入されたばかりだったのですが、よくこの広告のそばでエンストを起こし、中国人の運転手からトヨタが早く中国に入ればよかったのにと言われたものです。

でも同字異議での失敗もあります。日本語で覇道とは「覇者の道」「覇者の政道」と理解する方も多いかもしれませんが、日本語でも辞書で引いてみると「武力・策略で天下を治めること」ともあり、仁・義で天下を治める王道と対比されますので、やはり「覇道」にはマイナスイメージがつきものです。漢語ではもっとはっきりしていて、「横暴、ひどい、激しい」という意味で用いられ、かつ

て孫文さんが神戸で中国侵略へ進みそうな日本への最後の言葉ともいえる演説に「日本は西洋鷹犬の犬となる覇道の道を進むのか、王道を進むのか」とおっしゃったように、中国では"覇道 bàdào"という用語は嫌われており、中国は世界第二位の経済大国でも"覇道 bàdào"の道は歩まないと宣言しています。

ところが、トヨタは中国文化への理解不足からこの覇道の二文字を「覇者の道」と思われたのでしょうか、その後、広告に使用して大失態を演じました。

25　白湯をほしいと言ったのに……

「白湯」「お湯」が欲しくなったので、日本人がホテルの従業員"工作员 gōngzuòyuán"に"我要白汤(湯)wǒ yào báitāng"と書いた所、"要什么汤 yào shénme tāng"と聞かれましたがよく分かりません。さんざん待たされて持ってこられたのはとても美味しい「豚骨スープ」でした。

因みに漢語で白湯は"开水 kāishuǐ""白开水 báikāishuǐ"と書けば良いのです。水がぐらぐら湧いて花が開いたようになるので、熱湯をこう表現します。漢語の"汤 tāng"はスープという意味なので、味噌汁は"酱汤 jiàngtāng"と表現するのです。

日本人が入浴のことを「湯に入る」と言い、日本の旅館では「入湯」と書いてありますので、中国人は「え？　スープの中に入るの」と必ず驚きますね。最近は中国の方々が沢山来日され、温泉

に入るようになりましたので、是非注意を促す必要がありますね。やはり日本の常識は中国では、というか世界でも非常識なのです。

　例えば、日本では公共の湯船では入浴する際タオルを入れないこと、体は浴槽外でよく洗ってから入浴すること、中でごしごしこすらない、石鹸も使ってはダメなどです。きちんと説明しなかったため、中国式に湯船の栓まで抜かれてしまったことがありました。日本旅館ではやはり中国の風俗習慣をよく知った上での、サービスの準備が必要です。

26	切手を買いたいと言ったつもりなのに、警察沙汰？

　私は初めて中国へ行かれる方に、買い物用語として"我要 wǒ yào"と"给我 gěi wǒ"の二言を教えてさしあげます。欲しいもの、買いたいものを指さして"我要 wǒ yào""给我 gěi wǒ"、そして"多少钱？ Duōshao qián?"「お幾らですか」と言えば意思が通じるからです。

　ところが一度、警察沙汰になりかけました。切手収集家の団員が、ホテルの郵便局へ切手を購入しに行った時の出来事です。

　普通日本ではどこの郵便局も窓口に見本が置いてありますが、田舎の旅館にある郵便局にはありませんでした。そこで私に教えられた通り、まず"我要 wǒ yào"と言って紙に「切手」と書いたのです。ところが郵便局員が怪訝な顔をしたので、もう一度紙に「切手」と書いたのです。すると郵便局員や周りのお客さん数人が

Ⅳ　日中同字異議で起きる喧嘩　　97

集まってきて変な顔をするので、今度は"我要 wǒ yào""给我 gěi wǒ"と言って「記念切手」と書いたのです。すると騒然となって、警察を呼んできたそうです。そこで初めて自分の言いたい意味が通じていない、誤解されていると気付き、私に連絡してきました。大急ぎで郵便局に行くと、みなが口々に「この人は頭がおかしいのではないか」と言っているのでした。よく聞くと郵便局員は「彼は私たちに中国訪問の記念として私の手を切ってくれと言っている」と言うのでした。さぞかし中国人たちは驚いたことでしょうね。

漢語では"邮票 yóupiào"と書くところを、日本では「切手」と書くのですよと私が説明するとみながどーっと大笑いしたのですが、その団員はきょとんとしていました。後でその話をするとその方も大笑いでした。

| 27 | 空き巣に入られた家庭！ |

　ある日、中国の新聞を読んでいた学生が「先生、中国では最近空き巣がすごく増えているそうで、物騒ですね」と聞いて来ました。

　2000年の末に、20世紀最後というので旧友を訪ねる旅をしました。旧友は鉄のカーテンならぬ鉄の扉が二重についた立派な家に住んでいました。中学生時代、私はよく彼女の家を訪れましたので、あの頃は"夜不闭户 yè bú bì hù""路不拾遗 lù bù shíyí"（夜は門扉のカギをかける必要がないし、道に落とした物は失うことなく落とし主に戻るほど治安が良いという表現）だったのに、と当時を懐かしみ思い出話をしました。彼女はご主人が政府高官で本人も女医さん、一人息子の分もと高級マンションの一角を二戸続きで購入しましたが、周りには田舎から出稼ぎで来た貧しい人々が多くて治安がとても悪く、やむを得ず二重の鉄扉をつけているとのことでした。ですから学生に聞かれた時に、確かに空き巣も多いかも知れないと思い、「そうね」と聞き流してから、はたと思い当たる事がありました。漢語の「空き巣」"空巢 kōngcháo"は別の意味で最近よく使われているからです。

　中国では昔から、人は年を取ると子供たちと一緒に暮らしますし、子が親を引き取るのが親孝行の象徴と思われていましたが、最近では日本と同じで子供たちが次々巣立って、老人の一人暮らしが増えているそうです。そしてこのような人々を"空巢家庭 kōngcháo jiātíng"と表現するのです。そこで学生に再度文章全体の意味を聞いたところ、やはりこの意味で"空巢 kōngcháo"が使われていました。

ところで最近、両親の面倒をみないというか、職場の関係などで両親と離れて暮らしていて、みる事ができない若者が増え、大都会の住民の組織で問題になり、両親と子供が第三者立会いの下で、「終身責任を持って両親の世話をする」という契約書を交わす法律までできているそうです。

28 ゾクゾクと増える"××族 zú"

日本でも一時期「××族」という表現が流行りましたが、最近中国でも盛んにこのような表現が使われています。まず当ててみてください。"老鼠族 lǎoshǔzú""蚁族 yǐzú""白发族 báifàzú""红贵族 hóngguìzú""乐活族 lèhuózú""毕买族 bìmǎizú""啃老族 kěnlǎozú"。

"老鼠族 lǎoshǔzú"「鼠族」とは都会に出てきたものの、高い家賃が払えないので、安い地下室に密集して暮らしている貧しい出稼ぎ農民の家族を指す言い方とのことですが、やや差別的な感じがして聞いていて私は気持ちが落ち着きません。

"蚁族 yǐzú"「蟻族」は、大学を卒業したが希望する職業になかなか就けず、「就活」のため都会のすみっこに集まり、一部屋に何人も一緒に暮らす若者のことです。朝、そこからうじょうじょ出

てくる様子が「蟻が穴から地上へ這い出る様」に似ているとのことで、こう表現されています。

中国では両親、親戚一族郎党の期待を一身に背負って進学しており、中には両親、親戚から数千元もの学資を支援してもらっている場合もあるので、そこそこのところに就職できないと、「面子がたたない」と自殺する若者も少なくないとの事です。聞くところでは政府役人になれるのは約60万人とのこと、しかし毎年大卒者は650万人以上もいるので、ある人がスーパーマーケットに就職した事がテレビの話題になっていました。日本では当たり前なのですが、中国では「えっ？　大卒で売り子？」と言われ、いまでもサービス業を一段低く見下す風潮があり、特に田舎ではその傾向が強いように感じます。ですから大変ですね。

"白发族 báifāzú"「白髪族」とは、60歳以上の老人を指します。

中国も日本に後れをとらず、急速に人口の老齢化に突入しており"未富先老 wèi fù xiān lǎo"「豊かになる前に老いてくる」という流行語もあります。

そこで経済界では中国への投資先の一つとして、都会の裕福な老人たちに目を向けた介護つき施設の市場開拓が見込まれているようです。日本の経験、高い医療福祉の技術ノウハウが生かされるでしょう。そしてそれらが田舎の老人向け養老院、介護関係の事業にも転換していくと見込まれており、「白髪経済」などとも表現されています。日本の高齢化社会の経験がこれから大いに役立つようで、この分野でのビジネスが期待されそうですね。

"红贵族 hóngguìzú"「高級党幹部の金持ち族」が最近、沢山誕生しています。彼らは権力を利用して金儲けして豊かになった人々で、貧しい庶民のねたみもこめて人々はこう表現しているそうです。

"乐活族 lèhuózú"「ロハス族」とは健康と持続可能なライフス

タイルを求める人々を指すので、その音からもその意味からもぴったりの訳ですね。

"毕买族 bìmǎizú"は卒業するとすぐに家、マイホームを購入する人々を指します。妻を娶るにはまずマイホームがないと駄目とのこと。一人っ子政策の影響で適齢期の男性が多く、女性が少ないというアンバランスが生じているため、婚活条件が厳しくなっているとのことですが、マイホームの購入資金は勿論親のすねかじりです。ということで……

"啃老族 kěnlǎozú"。"啃 kěn"は「かじる」の意味ですので「親のすねかじり族」を指します。

この他にも"月光族 yuèguāngzú"「月末までに月給をきれいさっぱり使いきる人々」、"哈日族 hārìzú"「日本文化に憧れている台湾、香港、大陸の若者」など、ぞくぞく「××族」が増えております。

| 29 | 脅威と驚異 |

　中国が改革開放に入ったばかりの頃、中国の繊維産業が急速に発展し、日本の繊維業界から「中国側に対日輸出を制限してほしい」という動きが出ていました。中国側は一貫して、中国の繊維産業発展は日本の脅威にはならない、と主張していましたので、とても緊張しながら、中国の繊維業界代表団の通訳をした時のことです。日本側の会長が「中国の繊維産業の急速な発展に大変きょういを感じております」と述べられました。私は咄嗟に「『驚異』でしょうか『脅威』でしょうか」と確認致しました。日本側は「なるほど二つありますね。私が言ったのは中国の繊維産業の目覚しい発展を驚きの眼差しで見ているという意味での『驚異』です」と話されたのでした。その場できちんと確認して良かったと思いました。もし「脅威」と翻訳していたら、中国側は絶対反駁して、この会談は紛糾していたかもしれません。

　また、時代はつい最近のことに飛びますが、「最近しどうした習近平体制について～」という言葉を、通訳は"关于最近习近平领导的体制 guānyú zuìjìn Xí Jìnpíng lǐngdǎo de tǐzhì"と翻訳しました。確かに「しどうした」は「指導した」もありますが、ここでは「しどうした体制」ですから、「始動した」です。しかし音のみで反応して、勘違いしてしまったのです。

　私は常にこのような「同音異義」の単語を頭にいれて、翻訳の際にはことのほか注意します。通訳者、翻訳者の使命は相互理解を深めることなのですから、不注意で逆に誤解を生み、紛糾の種を作ることは絶対避けるべきでしょう。

30　君の名は

　大阪でも大変有名な通訳が「はしもと大阪府知事（現大阪市市長）」を一瞬の判断ミスで「橋本」"桥本 Qiáoběn"と訳してしまいました。日本語の「はしもと」は橋本、橋元、橋下、端下、端本、端元などがあり、漢語では"桥下 Qiáoxià""桥元 Qiáoyuán""桥本 Qiáoběn""端下 Duānxià""端本 Duānběn""端元 Duānyuán"と全部発音が異なります。ですから、通訳の際は、できるだけ事前にどなたが出席するか名前や情報を確認しておくことが大事です。

　「くぼた」さんと言っても久保田と窪田、「みなみ」さんと言っても南、三波、皆見、見並、美並、三並と沢山ありますし、例は枚挙にいとまがないと言えます。

　中国の方についても「ちょう」さんと言っても「張」「趙」「超」「丁」などあります。「こう」さんと言っても「黄」「高」「候」「項」「江」「洪」「向」さんかもしれません。

　本当に「通訳はつらいよ！」でしょう。

　「君の名前は」の答えが「ありません（有馬千）」「あしたゆうぞう（芦田雄三）」という落語を聞いて思いだしたのは、商社の中国部長「稲飯」さん。漢語でも「お米のご飯」という意味で、お面白い名前とすぐ覚えてもらいましたが、日本語でも「いない」ですから、電話を掛けると「いないです」と返事が来るので、「居るのに」といつもからかわれていました。

　北陸の方で、「大家（おおや）」さんも、代表団がバスで全員集合しているか点検する際、"大家在！Dàjiā zài!"で漢語の意味は「一人でもみな居ます」となるので、毎回爆笑でした。

また、もう一つ思いだしたのは、漢語の名前を日本語読みしての笑い話です。工芸品公司の団長劉培金、秘書長楊茂忠の名前は、漢語の意味はみな素晴らしいのですが、これを日本語読みすると「りゅう・ばいきん」は「黴菌」、「よう・もうちゅう」は「毛虫」「網虫（蜘蛛）」となり、中国工芸品の素晴らしい手刺繍製品売り込みに似つかわしくない名前になり、行く先々で話題になり、みなを笑わせました。でも名前を皆様にしっかり覚えていただきました。
　また"萧珍珍 Xiāo Zhēnzhēn"さんは「しょう・ちんちん」となり、私は口にするのをはばかり「しょうさん」で通しましたし、"马涛 Mǎ Tāo"さんも「ばとう」「罵倒」になるので「まーとう」さんと読みますと説明して名前を呼びました。
　漢語の名前を日本語読みすることについては、私は改めるべきと思っていますが、IV-56でその理由をご説明しておりますのでご参照ください。

31 "褒义 bāoyì"「褒義」と "贬义 biǎnyì"「貶義」

　日本語にはプラスの表現とマイナスの表現があり、漢語でも "褒义 bāoyì"「褒義」と "贬义 biǎnyì"「貶義」があります。この区別はなかなか難しいのですが、間違うととんでもない誤解を生みかねないのです。従って翻訳する際はすぐに辞書を引かず、まず全文を数回読み、話者の表現したい意味全体を十分理解した上で、辞書を引くことが大切ですので、ゼミの通訳翻訳の授業では繰り返し繰り返し「翻訳の心得」として説明しました。辞書にはいくつかの訳が載っており、どれを採用するかは全文の意味を理解してからでないと、選択間違をしてしまいます。

　実際の例としては、漢語の "冲击 chōngjī" を挙げることができます。辞書を引くと "冲击 chōngjī" には「衝撃」「インパクト」「ショック」と三つ出ています。

　2008年の全人大（全国人民代表大会）で温家宝首相（当時）が「リーマンショック」と言ったところを、中国側の翻訳文には「インパクト」と書いてありました。しかし、日本語の「インパクト」とは、衝撃は衝撃でも良い意味で受けた衝撃を表現するので、「リーマンショック」のことを「金融インパクト」とか「リーマン・インパクト」ということはできません。

　もう一つ、「一大事」も日本語では大変良くない事を表わします。しかし漢語の "一件大事 yíjiàn dàshì" には悪い意味は含まれていないのです。

　「国際貿易」（日本国際貿易促進協会の発行する週刊新聞）に掲載された中日友好協会宋健会長（当時）の挨拶文が「両国が中日平和

友好条約を締結しました。これは中日関係史上、道標的な意義を有する一大事です」となっていました。私は早速電話で訂正するよう提案いたしました。正しくは「これは大変重要な出来事です」とでも訳すべきでしょう。

　もう一つ、ある業界の商談会での例を挙げましょう。この業界では少しもめごとが起きておりましたので、この時私が呼ばれて同席致しました。

　まず日本側が「私どもは皆様のように立て板に水の如くすらすらと表現できませんが……」と話し出したのですが、中国側の通訳が四字熟語で"信口开河 xìn kǒu kāi hé"と訳したのです。私はすぐ気がついて"口若悬河 kǒu ruò xuán hé"と翻訳を訂正するようにと申し出ました。

　この二つの四字熟語は大変よく似ているのですが"信口开河 xìn kǒu kāi hé"は「口から出まかせ」で、"口若悬河 kǒu ruò xuán hé"が「立て板に水」という意味です。もしあの場で訂正しなかったとしたら、多分中国側は「我々が口から出まかせで言っているとは何事だ！」とかんかんに怒ってしまって、商談ができなかったことでしょう。おそらくこれまで、このようなことでこの業界では誤解が生まれていたのでしょう。

　またこれも中国側の翻訳文の例ですが、漢語の"得到了迅速的发展 dédàole xùnsù de fāzhǎn"を「すさまじい発展が得られた」と翻訳されていました。しかし、日本語の「すさまじい」と「急速に」とは異なり、このような訳文では語弊が生じます。つまり、すさまじいは「恐ろしい程のひどい勢い」という意味があるからです。漢語の"得到了迅速的发展 dédàole xùnsù de fāzhǎn"には「すさまじい」という語感はありませんので間違いです。ここでは「急速に発展しました」と翻訳するべきでしょう。

また、日本語で「次から次に発生する」ことを「相次いで」とも「後を絶たず」とも表現できますが、後者は悪い事柄が次々に発生したことを表わしますので、翻訳の際には要注意ですね。

このように、それぞれの言語に「褒義」「貶義」があるので、辞書を正しく利用することが大事です。

32 「重大」と「重要」

中国と日本は幸か不幸か同じ漢字を使うので問題も常に発生しています。

日本語では「重大」はややマイナスイメージがありますが、漢語にはむしろプラスのイメージすらあります。ですからよく中国の通訳は"中国发生了重大的变化 Zhōngguó fāshēngle zhòngdà de biànhuà"を「中国に重大な変化が現れました」「重大な問題が起きました」と訳しますが、日本人はびっくりします。「え？ どんなにひどい問題が発生したのか？」「どんなひどいトラブルが起きたのか？」と思うからです。漢語の"重大 zhòngdà"は「大変重要な」というプラスのイメージで使われ、"严重 yánzhòng"「厳重」これが日本語の「重大」に相当し、"这个问题很严重 zhège wèntí hěn yánzhòng"は「この件は重大であります」という意味になる

のです。

　日本語の「挙動」はマイナスイメージの動作を指し、「挙動不審」などと言いますが、「挙動不審」は"行迹可疑 xíngjì kěyí""举止可疑 jǔzhǐ kěyí"とでも訳すべきでしょう。漢語の"举动 jǔdòng"「挙動」にはマイナスイメージはなく、"现今美国又有了新举动 xiànjīn Měiguó yòu yǒule xīn jǔdòng"は「昨今のアメリカはまた新しい行動に出た」です。

　"举行 jǔxíng"「挙行」と"举办 jǔbàn"「開催」もよく日本人が誤用してしまいます。日本語では「会議を開催する」「展覧会を開催する」「イベントを開催する」と表現しますが、漢語では会議等は"举行 jǔxíng"「挙行」を使い、イベント、展覧会、催事などには"举办 jǔbàn"「開催」を使用するのです。

　日本語では「深刻な状況」「深刻な問題」「深刻な事態」などと言い、「深刻」にはマイナスイメージがありますが、同じ字を書くのに漢語の"深刻 shēnkè"は、「深くから」「根底からの」という意味でマイナスイメージはないのです。

　従って漢語で"中国发生了深刻的变化。Zhōngguó fāshēngle shēnkè de biànhuà."というのは「中国に根底からの、深い所からの変化が起きた」という意味なので、「中国において深刻な変化が起きた」と直訳すると誤解が生じるのです。

　前項でもご紹介したとおり、漢語で"褒义 bāoyì""贬义 biǎnyì"と表現しますが、日本語にもプラスイメージの用語と、マイナスイメージの用語が沢山あり、やはり間違って使用しては誤解が生じます。

　例えば、次から次へ悪いことが発生する際は、「後を絶たず」と表現し、良いことが次々発生する事を表現する際はこうは言いませんね。でも学生はよく混乱して使用しています。

Ⅳ　日中同字異議で起きる喧嘩

「五感」を磨く訓練で、誤解を招かず、相互理解を深められる、良い通訳養成が極めて大事だと感じています。

33 "待人热情 dài rén rèqíng"は人を待つ熱情？

" 等 děng"には日本語の「等など」の意味以外に、「待つ」という意味もあり、"请等一下 qǐng děng yíxià""请稍等 qǐng shāo děng"は「少々お待ちください」という表現になります。漢語の"待 dài"は"他待人热情 tā dài rén rèqíng"「彼は人に対してとても親切である」つまり「対処する」という意味もあります。

教科書に中国人が日本で道を尋ねる場面がありました。学生たちは"到处都碰到热心的人 dàochù dōu pèngdào rèxīn de rén"を、つい文字に引かれ「至る所で熱心な人に巡り会えた」と訳し、"感谢大家热心的帮助 gǎnxiè dàjiā rèxīn de bāngzhù"を「皆様の熱心な協力に感謝」と訳しました。

実は"热心 rèxīn"には「親切」「心を込める」というような意味が含まれているのです。ですから前文は「至る所で親切な人に

巡り会えた」、後の文は「皆様の親切なご協力に感謝」「皆様の心を込めた援助に感謝」という意味なのです。

漢語の"亲切 qīnqiè"は「親切」という意味ではなく「親しい」という意味で、「親切」は"热心 rèxīn"または"热情 rèqíng"と言います。ですから"亲友 qīnyǒu"も「親友」ではなく、"亲人 qīnrén"「身内、親兄弟、親戚」と"朋友 péngyou"「友人」を合わせた言葉なのです。日本語の「親友」は"亲朋好友 qīnpéng hǎoyǒu"とか"亲密的朋友 qīnmì de péngyou"と表現します。

34　"可爱 kě'ài"は「可愛い」ではないの？

朝鮮戦争の時期に新聞に"最可爱的人 zuì kě'ài de rén"「最も可愛い人々」と言って「中国の志願兵」を修飾していたのを、驚きの眼で見た事を今でもはっきり覚えております。日本人の「可愛い」「可愛らしい」のイメージでは理解できませんでした。質問すると漢語の"可爱 kě'ài"の"可 kě"は「すべき」だから、「愛すべき人々」という意味なのだよと言われて、漢語と日本語は本当に違って面白いなあ！と思いました。この"可 kě"はその他にも、「できる」という意味でも用いられます。

ここで、日本語と漢語の「できる」の表現の差をご紹介しましょう。大学の初級漢語の授業で説明すると、みなは漢語の芸の細かさに驚きます。

日本語は「曖昧な言語」などと表現する方もおられますが、私

はなかなか含蓄のある言語であると表現します。「思う」という日本語も漢語では"觉得 juéde""想 xiǎng""认为 rènwéi"などの区別があります。嬉しいと「思う」、悲しいと「思う」、寒いと「思う」などは、「感じて思う」ですから、漢語ではこういう場合には"觉得 juéde"を使い、考えて私はこのように「思う」は"想 xiǎng"、論理的に判断しての「思う」は"认为 rènwéi"と表現します。

日本語の「できる」も"会 huì""能 néng""可以 kěyǐ"と三つあります。『「NO」と言える日本』(1989年)の訳が"日本能说不 Rìběn néng shuō bù"でした。日本は先進国だから、ノーと言える条件があるので"能说不 néng shuō bù"「ノーと言える」と表現できるわけです。80年代に、中国の若者7人が『ノーと言える中国』を出版しましたが、漢語の表現は"中国也可以说不 Zhōngguó yě kěyǐ shuō bù"でした。ですから正しい訳は「ノーと言ってもかまわないではないか、中国も」ではないでしょうか。つまり、まだ立ち遅れているが、中国でもノーと言っても良いではないかという意味があり、「できる」は「できる」でも、「かまわないではないか」という含みがあります。

"会开车 huì kāichē"は「車の運転ができる」つまり「マスターして運転ができるようになった」という意味があります。例えば、まだ運転免許を取得していないから本来なら公道で運転できないが、隣に教習所の教官がいるので「今日は車を運転することができる」の場合には、運転に必要な条件が整っているので"能开车 néng kāichē"となりますし、この道路は普通商用車は通れないのだが、今日は特別に許可が下りているので、商用車でも「運転できる」つまり「運転してもかまわない」は"可以开车 kěyǐ kāichē"と言うのです。いかが？　芸が細かくて、面白いでしょう。

「漢語を話せる」「漢語を話すことができる」も、漢語をやっと

マスターしたので今では「漢語を話すことができる」は"会说汉语 huì shuō Hànyǔ"と表現し、本来なら日本語しか使えない会議であるが、本日は通訳が用意されているので「漢語を話すことができる」、は、"能说汉语 néng shuō Hànyǔ"、或いは「漢語を話してもかまわない」の場合の「できる」は"可以说汉语 kěyǐ shuō Hànyǔ"と表現します。

スキーを練習して滑れるようになった際の「スキーができる」は"会滑雪 huì huáxuě"、通常ここは上級者のコースなのだが、本日は上級者がいないため、初級者も今日はこのコースで「滑る事ができます」は"能滑雪 néng huáxuě"、「してもかまわない」の「滑る事ができる」は"可以滑雪 kěyǐ huáxuě"です。みなさんも使い分けが「できる」ようになってくださいね。

一つ漢語の"会 huì"の失敗例をご紹介致しましょう。

"在我国会有销路 zài wǒ guó huì yǒu xiāo lù"を「我が国会で販路があります」と翻訳しました。私は授業では、「漢語の"会 huì"を見たら、三つの可能性があると思ってください」と纏めて紹介することにしています。

①は名詞の「〜会」「会合」。

②は「できる」は「できる」でも「マスターしてできる」こと。

③は「ありうる」。

"在我国会有销路 zài wǒ guó huì yǒu xiāo lù"は確かに「国会」という可能性もありますが、商品の販路についての文章ですので、ここでは「ありうる」ですね。従って話す際や朗読する際には、"在我国 zài wǒguó"で切ってから、"会有销路 huì yǒu xiāolù"と言わなければなりませんね。この辺が"抑扬顿挫 yìyáng dùncuò"「抑揚や間合い」を掌握する難しさでもあるでしょう。

Ⅳ　日中同字異議で起きる喧嘩

| 35 | "是非 shìfēi" は正しいか、正しくないか？ |

　日本人から「是非とも見るべきよ」というメモをもらった中国の留学生は、この一言をてっきり「正しいか、間違っているかを見極めなければならない」と言われたと理解したのでした。

　日本語の「是非」は漢語の"是非 shìfēi"と全然意味が異なる場合もあります。日本語の「是非」「ぜひ」は①漢語と同じく「可否」「当否」「善悪」「適否」という意味もありますが、②「是非とも」「ぜひとも」は漢語の"一定 yídìng"とか"务必 wùbì"に相当し、③「是非お越しください」は"欢迎光临 huānyíng guānglín""欢迎您莅临 huānyíng nín lìlín""欢迎您来 huānyíng nín lái"で、「是非」には懇願の意味がありますので、「是非ご検討ください」は"恳请 kěnqǐng"に相当するでしょう。また、④「是非に及ばず」「どうしても拒否すると言うなら是非もない」は、"不得已 bùdéyǐ""没办法 méibànfǎ"と訳すべきでしょう。

　漢語も日本語と同様、「肯定＋否定」で疑問文になります。"有没有? Yǒu méiyǒu?"「ありますか」、"是不是 shì bú shì"「そうですか」。

　"喜不喜欢? Xǐ bù xǐhuan?"「好きですか」の"huan"はお気づきのように四声がついていません。忘れたのではなく、「軽声」で読んでください。そしてこのように二文字も「肯定＋否定」で疑問文になります。日本人は"可以不可以 kěyǐ bù kěyǐ""喜欢不喜欢 xǐhuan bù xǐhuan"と言ってしまいますね。しかし、こう言うと中国人は気持ちが悪いとのこと、漢語では普通、前の"以 yǐ"を取り除いて、"可不可以 kě bù kěyǐ"「かまわないかどうか」とか"喜

不喜欢 xǐ bù xǐhuan"と表現するのです。馴れていきましょう。

　漢語で"非 fēi"とは「違う」という意味なので"是不是 shì bú shì"を"是非 shìféi"と表現したいのですが駄目で、"是否 shìfǒu"と言います。

　また、"非 fēi"の後ろに動詞がくると「絶対」「必ず」になり、"他非要去！Tā fēi yào qù!"は「かれは他人がなんと言おうとも絶対行こうとしている」の意味を表わします。字面とは全く逆で、これも面白いでしょう。

36　"释放 shìfàng"は「釈放」ではないの、「釈然」としない！

　日本人は「釈放」の文字を見て、「犯罪者、犯罪容疑者を釈放」と勘違いしますが、漢語の「釈放」"释放 shìfàng"は「放出」「放つ」という意味であり、例えば"释放出芳香 shìfàngchū fāngxiāng"「芳しい香りを放つ」、"释放出巨大的能量 shìfàngchū jùdà de néngliàng"「巨大なエネルギーを出す」とか、"工业产能开始显著释放 gōngyè chǎnnéng kāishǐ xiǎnzhù shìfàng"「工業生産能力が著しく発揮され始める」のように用いられます。

　同じ漢字でもこのように異義があるので、しっかり心得て学ばなければならないと「ビジネス漢語（中国語）」の時間では強調しましたが、この「心得」"心得 xīndé"二文字も漢語では違う意味があるのです。漢語では「心で得られたもの」という意味で用い、例えば"学习心得 xuéxí xīndé"は「学んで会得したもの」"翻译

IV　日中同字異議で起きる喧嘩　115

心得 fānyì xīndé"「翻訳をしてそこから会得したもの」という意味を表現します。

　日本語の「釈然」は「まだ、釈然としない」など、どちらかと言うと否定的な使い方をし、「釈然とした」とは表現しないのですが、漢語の"释然 shìrán""释怀 shìhuái"は「心の打ち解けるさま」「疑いや恨みの解消されるさま」「さっぱりした」という意味ですので、"看了您回复，我心理也释然了许多。Kànle nín huífù, wǒ xīnlǐ yě shìránle xǔduō."は「あなたからの返信を拝見致しまして、私の心がかなりすっきりと致しました」という訳になるのです。

　ここでの注意事項は、"回复 huífù"で、日本語の「返信」という意味です。では日本語の「回復」は漢語ではどのように表現するかというと"恢复 huīfù"と書き、"恢复邦交 huīfù bāngjiāo"は「国交が回復した」で"恢复体力 huīfù tǐlì"は「体力を回復した」という意味なのです。"回复 huífù"は、日本人が陥りやすい間違いですから、「ビジネス漢語」の時間では必ず強調して教えました。

　最近遭遇した面白い例を挙げましょう。"持家 chíjiā"この二文字を日本人が見ると「持ち家」でしょう。しかし漢語の意味は「家事を取り仕切る」「家計を切り盛りする」という意味で、"持家有道 chíjiā yǒudào"は「家事をうまく取り仕切る」「家計を上手に切り盛りする」という意味です。ですから"人民生活祥和，持家有道 rénmín shēnghuó xiánghé, chíjiā yǒudào"は「人々は仲睦まじく暮らし、家事をうまく取り仕切っている」、"勤俭持家 qínjiǎn chíjiā"は「勤倹節約して家計を上手に切り盛りする」とでも訳すべきでしょう。

　本当に"得其意,忘其形 dé qí yì, wàng qí xíng"が大事でしょう。

37　換骨奪胎と"脱胎換骨 tuō tāi huàn gǔ"

　漢語には日本語の「換骨奪胎」とよく似た"脱胎換骨 tuō tāi huàn gǔ"という言葉があります。でも、意味が異なりますので翻訳の際には心しなければなりません。「換骨奪胎」とは最近中国のメディアで問題になっているように、文章がずたずたに改ざんされて、骨抜きにされることを指し、この場合は"翻版 fānbǎn"とか"篡改 cuàngǎi""窜改 cuàngǎi"と翻訳しなければならないのです。

　一方漢語の"脱胎換骨 tuō tāi huàn gǔ"「換骨脱胎」は「全く生まれかわる」「全く新しい物になる」という意味で用いられております。

　同じような例で、日本ではビタミンB不足による病気を指す「脚気」が挙げられます。中国で驚いたことがあります。何故か私が日本人医者に「脚気になりかけ」と診断されたので、友達に「脚気」と書いて、「ビタミンB欠乏症」になりかけたと話したのですが、なんだか話が噛み合わないのです。

　よく聞くと漢語の"脚气 jiǎoqì"は医学の病名として使う場合は日本語と同じ意味なのですが、通常庶民が"脚气 jiǎoqì"と言えば、手足にできる「疥癬(かいせん)」を指すということが分かったのです。

　ここで「骨」の字にご注目ください。漢語は"骨"と書きます。お気付きですか。骨のささっている場所が変わっています。簡体字の討論で私は反対したのですが「⌐」を「¬」にしたら一画減るからという事でこうなりました。

Ⅳ　日中同字異議で起きる喧嘩　　117

38　"权益 quányì"のほうが「権益」が大きい？

　「憲章」と"宪章 xiànzhāng"同じ漢字を使うのに使い方が異なり、ちょっと油断すると通訳翻訳の際、引きずられてしまいます。漢語では"联合国宪章 liánhéguó xiànzhāng"「国連憲章」のように国や国際的なものにしか"宪章 xiànzhāng"は使わないのです。

　逆に日本では広く使い、「みんなが守るルール」などにも「憲章」をつけます。例えば関西外国語大学が建学65周年を記念して「関西外大行動憲章」を発表しました。この場合の訳は、"关西外大行动宪章 Guānxīwàidà xíngdòng xiànzhāng"ではなく、"关西外大行动准则 Guānxīwàidà xíngdòng zhǔnzé"と翻訳すべきなのです。

　漢語のほうが使用範囲が広いものには、"权益 quányì"「権益」があります。日本語の「権益」は国の権益の場合にしか用いませんが、漢語では例えば"妇女的权益 fùnǚ de quányì""工人的权益 gōngrén de quányì"と言います。翻訳通訳する際は、「権利」「利益」と表現しなければなりません。このように漢語を学びながら、絶えず日本語との差、違い、特にニュアンスの違いを掴む訓練を積み重ねることが良い通訳、翻訳者への道に繋がると思います。

　日本語の「引導」には「人々を正しい道に導く」という意味以外に、「引導を渡す」という使い方があります。

　「俺があの男に引導を渡してやる」は、導くという意味はないので、"我给那家伙下了最后通牒 wǒ gěi nàjiāhou xiàle zuìhòu tōngdié"と翻訳すべきです。「ナショナリズムに引導を渡す」も、"引导到民族主义 yǐndǎo dào mínzúzhǔyì"ではなく、"给民族主义者下最后通牒 gěi mínzúzhǔyìzhě xià zuìhòu tōngdié"となるのです。

「浪人も今年で最後だと息子に引導を渡した」はどう翻訳されますか。私なら"向儿子郑重宣告说：今年再让你补习最后一年。Xiàng érzi zhèngzhòng xuāngào shuō: jīnnián zài ràng nǐ bǔxí zuìhòu yìnián."とでも訳しましょうか。

「幅員」も日本語では船、道路、橋の幅を指しますが、漢語の"幅员 fúyuán"は「国土・領土の面積」を指しており、"幅员辽阔 fúyuán liáokuò"「領土が広大である」と表現するのです。

漢字が日本に伝わってから変化したのか、何故どこで違ってしまったのかは分かりませんが、学習者は心得ておかなければなりません。同じ漢字を使うから漢語は学びやすいだろうと履修する学生も少なくないようですが、如何です？　大変でしょう！

通訳を使う方々、クライアントの皆様にお願いしたいのは、通訳翻訳者はみな、このような苦労をしていることを知って欲しい、努力を高く評価してあげて欲しいということです。そうすれば多くの若者が一生懸命学ぶと思います。私は常日頃から、中国や他の国と比較して、日本での通訳者・翻訳者の地位が低すぎると感じております。

| 39 | "马马虎虎 mǎmahūhū" と馬鹿 |

　北京の動物園にはいまでも本当に「馬鹿」という名前の「馬のような顔で、足や角が鹿のような動物」がおります。日本人観光客がざわめきますが、中国人は「ばか！」は日本語で人を罵る言葉だという事はほとんどの人が知っていても、それが「馬鹿」と書くとは知りませんので、日本人がざわめくのを不思議がるのです。いつもここで「馬鹿」の話をしました。何故日本で「人を罵る言葉に馬鹿が使われたのか」と、よく中国人に聞かれるので困るのですが、逆に「中国では人を罵る言葉に"王八 wángba（すっぽん）"や"王八蛋 wángbadàn（すっぽんの卵）"と言うのと一緒でしょ！」と言い返しています。

　ここで"王八蛋 wángbadàn"をめぐるトラブルをご紹介しましょう。交易会や商談会で「中国人が怒り出した」と呼び出されることがあります。行くと中国人は"他骂人了！ Tā mà rén le!"「彼らは私たちを罵った！」と言うのです。話を聞いているうちに、日本側が「ワンパターン」つまり、いつも同じ調子と言った事が原因だと分かりました。そこで中国人に「確かに音だけ聞くと"王八蛋 wángbadàn"の罵り言葉ですが、意味は"老一套 lǎoyítào"です。考えてごらんなさい、日本人が中国語を喋るはずがないでしょ。みなさんの『ひがみ根性』、いつも日本人に馬鹿にされているのではないかという気持ちは捨てましょう」と申し上げました。

　漢語でもう一つ面白い表現に"马马虎虎 mǎmahūhū"というのがあって「いい加減、ちゃらんぽらん」などという表現に相当します。これも何故そう言うのか中国の方も説明できません。

また、中国には生まれてすぐの赤ちゃんでも"老 lǎo"をつけて呼ばれる動物がおります。"老鼠 lǎoshǔ"「鼠」、"老虎 lǎohǔ"「虎」で、赤ちゃん鼠は"小老鼠 xiǎolǎoshǔ"、赤ちゃん虎は"小老虎 xiǎolǎohǔ"と呼称します。面白いですね。

　また、中国では「～さん」のような、或いはもっと親しみをこめての呼称として、苗字の前に"老 lǎo"をつけます。別に老人という意味はないのです。でも漢字一文字一文字にそれぞれ意味があるので、日本人には誤解が多々発生します。日本人は老人に見られるのを嫌う民族ですから、年齢を特に女性に聞くことは忌み嫌われます。でも、中国では女性でも平気で年齢を聞いたり、言ったりしておりますし、年齢を上に見てほしがる民族のように感じます。

　若者に対しては、また親しみを込めて"小 xiǎo"をつけ「～ちゃん」のような感じで呼称しているのであり、別に「ちび」と軽蔑するような意味はありません。

　中国で日本と対応が異なる動物の一つに「こうもり」が挙げられます。アメリカなどでもハロウィンで「こうもり」を飾りますが、中国では「こうもり」を"蝙蝠 biānfú"と呼び、"福 fú"と同じ音なので縁起を担ぎます。また、正月や祭りごとなどにも赤地に金色の「福」の文字入りの物をひっくり返して張ります。これを初めて見た日本人はみな驚き「どうしてひっくり返すの」と聞かれます。それは「福至る」"到福 dàofú"と「福をひっくり返す」の"倒福 dàofú"が同音だからという事のようです。

40 「絆」と "绊 bàn"

　東日本大震災後、日本で「絆」の文字がよく使われるようになりましたが、漢語の"绊 bàn"にはマイナスイメージしかなく、よく中国の方に質問されました。勿論日本語にも「絆し」「絆す」のように、「手かせ、足かせ、馬のつなぎ止める縄」という意味もありますが、漢語の"绊 bàn"は"绊脚石 bànjiǎoshí"のように、「つまずかせる」「足に引っ掛ける」「束縛」「障害(物)」「邪魔者」などの意味でこの文字を使いますので、中国の方が質問する気持ちはお分かりいただけると思います。これだけ異なるので翻訳時には"得其意，忘其形 dé qí yì, wàng qí xíng"で、「絆を深める」「絆を結ぶ」を翻訳する際は、"纽带 niǔdài"を用い、"加强纽带 jiāqiáng niǔdài""系结纽带 jìjié niǔdài"などとすべきでしょう。

　ここで一つ注意！「関係」など名詞での"系"は"系 xì"と読みますが、動詞で「結ぶ」の"系"は"系 jì"と読みます。「ちゃんとシートベルトを結ぶ」は"系好安全带 jìhǎo ānquándài"で"系 jì"と読みます。

　また、「なでしこジャパン」が世界でもてはやされ、日本の女性として大変誇らしく思います。中国で心ない若者がいわゆる「反日」で騒いでいた頃、日本女子サッカーチームが中国で試合をしました。客席からはかなり誹謗中傷のヤジが飛んでいたにも関わらず、この女子サッカーチームは試合後に、"谢谢！ xièxiè!"と書いた横断幕を掲げて会場を一周しました。翌日のメディアに、多くの中国人が「自分たちの失礼な態度を反省している」と言っていると報道された事を思い出します。そこで漢語で「なでしこ」をな

んと言うのかと調べると"瞿麦 qúmài"で、麦という文字が付いています。

41　斤と公斤、尺と米

漢語と日本語の数に関する行き違いも沢山あります。

日本人がショッピングに行って「安いと思って購入したら案の定騙された」と言います。よく聞くと日本人の誤解があります。例えば、中国では重量の単位に"斤 jīn"と"公斤 gōngjīn"の二つの標記がされています。長さも"尺 chǐ"と"公尺 gōngchǐ"の二つがあります。日本ではメートル法でしか表記しないので、多くの方はてっきりメートル法で標記されていると判断して、「割安だなあ」と勘違いして購入し「騙された！」と騒ぐのですが、売り手が「騙した」のではないのです。そこで私は訪中団の皆様にいつも注意を促し、"斤 jīn"と書いてあるか"公斤 gōngjīn"と公の字があるかを必ず確認するようお勧めしました。実は中国での"斤 jīn"は500グラムで、"公斤 gōmgjīn"が1キログラムなのです。

IV　日中同字異議で起きる喧嘩

長さの"尺 chǐ"も「3尺で1メートル」、つまり"尺 chǐ"は3分の1メートルの単位で、1メートルは"一公尺 yì gōngchǐ""一米 yì mǐ"と標記されるのですから、騙されたのではなく私たちの思い込みによるミス、勘違いからくる誤解なのです。

　また実際、最近の投資説明会資料でも発生した間違いですが、中国では「四兆元」を"四兆元 sìzhào yuán"と表現せず、"四万亿元 sìwànyì yuán"（四万億元）と書きます。これを日本語で「四兆億元」と翻訳していました。この手のミスはたびたび目にします。

42　「一倍増えた」は「二倍に増えた」の？

　漢語で"増加一倍 zēngjiā yíbèi"は日本語の倍増、"増加到両倍 zēngjiā dào liǎngbèi"と同じなのです。つまり漢語では増加した部分のみを表現する言い方と、増えた結果の数字を言う場合があり、増えた結果には"到 dào"が付きます。従って"到 dào"が付いているかどうか、よく注意する必要があります。

　"増加三倍 zēngjiā sānbèi"と言われたら増えた部分が3倍なので、日本語に翻訳する際は、「4倍に増えた」と訳し、"増加到三倍了 zēngjiā dào sānbèi le"は「3倍に増えた」と翻訳すべきなのです。ところで、日本人はよく麻雀をする関係で、漢語の数字は結構聞いて分かりますから、私は必ずそこで注釈を入れます。「中国では増加した部分のみを言っているのです。3倍に増加したのではなく、4倍に増加したのです」と。ここでもしも私が申し上

げないと「通訳が数字を間違って翻訳している」と不審に思われます。本当に通訳泣かせの言い方です。説明なしで通訳すると信用を失墜し兼ねません。

これもよく日本人が不思議に思うお店の張り紙の一つで、"七折 qī zhé""八折 bā zhé"というのがあります。これは「3割値引き、30％引き」「2割引き、20％引き」という意味です。"三成 sān chéng""四成 sì chéng"は「3割」「4割」という意味の表現です。面白いですね。

43 "点钟 diǎnzhōng"鐘をついて時間を表わすの？

日本でもみなが今のように時計を持っていなかった時代は、お寺のお坊さんがつく鐘の回数で「今は何の刻」と時間を知ることができました。と申しても若い方にはなかなか理解し難いかと思います。でも中国ではつい数十年まではそうでした。ですから中国の時間の表現には"钟 zhōng"「鐘」という文字が使われるなど、その名残りがはっきりと残っております。

「3時」は"三点 sāndiǎn"または"三点钟 sāndiǎnzhōng"と言います。この二つの時間の表現には区別があり、"三点 sāndiǎn"と言えばその後に何分、半、とか「15分」"一刻 yíkè"、「45分」"三刻 sānkè"をつけて時間を表わすことができますが、"三点钟 sāndiǎnzhōng"と言うと後ろに何分や半などをつけることができません。

IV 日中同字異議で起きる喧嘩

「分」は日本語と同じく時点は"分 fēn"と表現します。しかし、後ろに"钟 zhōng"をつけると時間の長さを表わす言葉に変化してしまうのです。つまり"～分钟 fēnzhōng"と言えば「～分間」という時間表現になり、「15分間」は"一刻钟 yíkèzhōng"、「45分間」は"三刻钟 sānkèzhōng"と表現します。

　また、漢語では"二点钟 èrdiǎnzhōng"とは表現せず、"两点钟 liǎngdiǎnzhōng"と表現するのです。これは頭で分かっていても、喋っている際ぱっと閃かなければならないので訓練も必要ですね。それに、"钟 zhōng"の有無でも意味が異なりますので、日頃から訓練して、いざ使うという時には、頭がこんがらがらないようにしましょう。

　一つ注意。日本人は漢数字を書く際、56歳を「五六歳」、34年を「三四年」と書くくせがあります。しかし、漢語では"五六岁 wǔ liù suì"「五六歳」は五歳か六歳になりますので"五十六岁 wǔshíliù suì"と書かなければなりません。"三四年 sān sì nián"とは「3～4年」で、34年間は"三十四年 sānshísì nián"と書かなければなりません。

　中学、高校では「先生にノートを一度もチェックされたことがない」という学生が多く、この種の間違いが多いのに気が付いてからは、大変ですが、できるだけ全員のノートをチェックするようにしました。

44　ケネディは刺身に当たって死んでしまったの？

　まだ、和食に馴染みのない頃の出来事です。中国人から「どうして生魚の切り身なのに、刺身と書くのか」と聞かれました。別に魚肉に何かを刺しているわけでもないし、と悩みます。漢語では生の魚の切り身ですから、「刺身」を"生鱼片 shēngyúpiàn"（生魚の身を一枚一枚にしているので"片 piàn"と表現します）とリアルに表現し、分かりやすいですね。中国のお料理は名前を見れば何を原料にしてどのように調理してできたのか分かるようになっているので、大変便利です。

　一つ分かりにくい名前の料理をご紹介しましょう。"龙虎斗 lónghǔdòu"、直訳すると「龍と虎の闘い」という美味しいスープです。みなさん、龍と虎は一体何か当ててみてください。また、美味しいので是非召し上がってみてください。

　このお料理は、材料が何か聞かれても、食べたその日は絶対言わないことにしています。一度正直に説明したところ、聞いた人がみな気持ちが悪くなり、あげる人も出たほどでした。

　「鶏のささみ」のような肉が入っていて、かなり生姜の香りが利いています。大抵の方は「美味しい！　美味しい！」と召し上がりますので、私は、「美味しいでしょう」とだけ言って何の肉かは教えません。

　何故かというと、龍とは蛇の肉で、虎とは猫の肉なのです。日本人は蛇、猫と聞いただけで胸がむかついてくるので、その日は絶対何の肉かを言いません。あくる日「夕べのスープ美味しかったでしょう」と言って紹介します。言ってももう気持が悪くなら

IV　日中同字異議で起きる喧嘩

ないからです。

アメリカのケネディ大統領が突然の銃撃に遭遇して暗殺された時の出来事です。

ケネディが暗殺され世界中が大騒ぎしていた翌日、私たち一行は北京に到着しました。すると数人の日本人駐在員から今朝、人民日報で「ケネディが刺身に当たって死んだ」と書いてあったのだが、「刺身」で何があったのかと質問され、私たちの方が驚きました。どれどれと新聞を見ると確かに"肯尼迪（ケネディ）遇刺身亡 Kěnnídí yù cì shēnwáng"とありました。

数年前にパキスタンのブット首相が暗殺された際も、中国の新聞では"布托（ブット）遇刺身亡 Bùtuō yù cì shēnwáng"と書かれており、数人の学生から同じような質問がありました。字面だけでは確かに「刺身に遭遇して死亡した」となります。漢語は本当に面白いでしょう。

45　意思がないと面白くない？

　漢語の"意思 yìsi"には、日本語のような「意思表明」「意思表示」などの「意思」という意味は全くなく、漢語ではこの場合には"意志 yìzhì"を使います。漢語の"意思 yìsi"は「意味」と言う意味で使われています。例えば"你懂这个意思吗？ Nǐ dǒng zhège yìsi ma?"「貴方はこの意味がお分かりですか」という具合です。

　ところが、"意思 yìsi"の前に動詞の「ある」"有 yǒu"とか、「ない」の"没 méi""没有 méiyǒu"が来ると、"意思 yìsi"の「意味」という「意味」が変わるのです。

　つまり"有意思 yǒu yìsi"は「意味がある」ではなく、「面白い」に変わり、"没意思 méi yìsi"とか"没有意思 méiyǒu yìsi"は「意味がない」ではなく、「つまらない」「面白くない」に変わってしまいます。「ああ！　ややこしい！」頭がこんがらかってしまいそうでしょう。授業では必ず強調しました。

　類似に"用意 yòngyì"が挙げられます。出張前で用意ができたかどうかと思って、"用意？ yòngyì?"と書いたところ、とんでもない誤解を生み、中国人従業員の中で問題になったのです。「社長は我々中国人を疑ぐってかかり、けしからん！……」とのこと。漢語の"用意 yòngyì"は辞書では「目的」「意図」と出ますが、「貶義」のある言葉で「下心」「ねらい（やや悪意のある）」「魂胆」という意味を含んでおり"用意何在？ yòngyì hézài?"は「君の魂胆はなんだ！」となるので、中国人がかんかんに怒るのも頷けますね。

　説明している方も混乱してしまいそうですが、でもこれらはいずれも相互理解促進にとっては大事です。

46　"面 miàn"面の色々

　"面 miàn"は「小麦粉」という意味があり、"吃面 chī miàn"「めんを食べる」、"和面 huò miàn"「小麦粉を捏ねる」(発音に注意。"和"は"和 huò"と発音)、"面包 miànbāo"「パン」(「小麦粉で包む」から)、"面条 miàntiáo"「うどん」、"面馆 miànguǎn"「うどん屋」などがあります。また、「顔」という意味もありますので"面白 miànbái"は「小麦粉が白い」と「顔が白い」になります。しかし「顔面蒼白」は、"脸色苍白 liǎnsè cāngbái"と言います。漢語の"颜色 yánsè"は、「カラー」と言う意味ですので、「顔色」は"脸色 liǎnsè"と書くところが注意です。「面白い」は"愉快 yúkuài""有意思 yǒuyìsi""有趣 yǒuqù""妙 miào"、「面白い勝負」「面白い試合」には"精彩 jīngcǎi"を使うことをお勧めします。

　日本では「顔を赤くする」は「恥をかいたり、かかされたり」する際の表現ですが、漢語の"红颜 hóngyán"は美貌の婦人、日本でも「紅顔の美少年」と言うように「若い血色のよい顔」を表現しているのです。

　「赤面」を「せきめん」と読めば「恥ずかしくて顔を赤くしている状態」を表わし、「あかつら」「あかっつら」と読むと、人を罵る言葉になりますね。漢語の"红脸 hóngliǎn"は「せきめん」「赤い色をした顔つき」と同じ意味でも使われますが、京劇の"红脸 hóngliǎn"に代表されるように、英雄的な性格を示し、正義の味方、熱血漢、善玉を表わします。その逆が"白脸 báiliǎn"です。

47　眼が充血しているのはねたむ人！

　私が中国から帰国したばかりの時代は、中国への偏見があり、中国帰りに対しては「赤」つまり共産主義に染まった危険人物と見なされ、尾行がついていました。

　戦前、戦中は尚更で「赤」は非国民扱いで「赤狩り」で弾圧され、戦後もアメリカ占領下の1949～50年にレッドパージで多くの共産主義者と言われる人々が弾圧され、非合法に追いやられました。

　また日本では「赤紙」と言えば、戦中の「召集令状」ですから、「赤紙」一枚で多くの若者が命を奪われました。その昔は、不渡りを出したりすると、財産が差し押さえられ、財産にべたべたと「赤紙」が貼られたそうです。

　勿論「赤ちゃん」「赤子」「お赤飯」など良い意味で使われることもあります。でも中国ではこのような表現に赤は使いません。

　また、日本では、おめでたい行事、催physで紅白の幕を張ったり、紅白のお餅を配る習慣がありますが、これも中国人から見ると「何故おめでたい色の赤に、不吉な色の白を組み合わせるのか」と理解し難いそうです。

　元々中国の人々は「赤は良いことの代表」のように使いますので、文化大革命の時代には「紅衛兵」などが、危険信号、停止信号の意味で"红灯 hóngdēng"「赤信号」という言葉を使うのはけしからんと、廃止を要求する動きがあったほどでした。

　それに引き換え日本では、「赤恥をかかされた」「真っ赤な嘘」「赤の他人」「赤点」「赤線地帯」「赤新聞」「赤本」「赤札商品」などあまり良い意味で使われない例も多くあります。

IV　日中同字異議で起きる喧嘩

漢語も日本と同じような使い方として「赤信号」"红灯hóngdēng"以外に、「赤裸」"赤裸chìluǒ"、「赤裸裸」"赤裸裸chìluǒluǒ"、「レッドカード」"红牌hóngpái"などが挙げられます。

日本では「赤い糸で結ばれる」と表現しますが、中国では仲人の事を"红娘hóngniáng"と表現します。人気があり、もてはやされる人を"红人hóngrén"、利益配当は"分红fēnhóng"、慶事、おめでたいことを"红事hóngshì"と言い、"红色hóngsè"と言えば「革命的な」という表現です。

"红包hóngbāo"に纏わる物語をご紹介しましょう。数年前に卒業生からメールが入り「先生、"红包hóngbāo"って何ですか」と質問されましたので、どういう時に言われたのか問いただしました。実はこれには幾つかの意味があるからです。

会社が奨励の意味も込めて、日本流に言うと「ご祝儀」みたいに社員に渡すお金かもしれないし、お祝い事の際に配る「ご祝儀」の可能性もあるし、袖の下、賄賂という意味かも知れないのです。

卒業生は中国の合弁会社に勤めており、日本語を一生懸命勉強する湖南省出身の女性と知り合って、彼女に誘われて湖南省に行く事になったのだが、彼女に"红包hóngbāo"を用意して欲しいと言われたとの事でした。そこで私は「あなたがその女性と婚約を前提としてお付き合いをしていないのであれば、湖南に行っては駄目ですよ。『"红包hóngbāo"を用意して欲しい』と彼女が言うのは、田舎の両親、親戚にあなたを許嫁と紹介している可能性がありますよ」と伝えました。結果としては私の勘が当たりまして、二人はその後めでたく結婚し可愛い赤ちゃんの写真が届きました。

また、ある時新聞に"红皮书hóngpíshū"とあるので何かと思って調べると、なんと日本で言う白書の事でした。しかし最近では中国も"白皮书báipíshū"と言っています。

ところで「目が赤い」と日本で聞けば「この人は疲労が重なっているのだ」と思うでしょう。中国ではそのような意味もありますが、学生時代に中国人が彼女は"眼红了 yǎnhóng le"、彼女が"红眼病了 hóngyǎnbìng le"と言うような時は、別に眼が赤くなっていませんでした。おかしいと思って調べると、"眼红 yǎnhóng"は「ねたみ」を表現しているのでした。

今では観光団とか視察団が日本国内を移動する際、大きい荷物は多分宅配便で送るでしょうが、国交回復前に私たちが中国の視察団を受け入れていた時代は、大きなトランクを持参しての移動でしたので、よく駅の赤帽さんに運ぶのをお願いしました。中国には赤帽さんはいませんので中国の方に不思議がられましたが、多分今の若い方も赤帽なんて知らないでしょう。また年末多くの人々が胸に赤い羽根をつけるのも中国人は不思議に思われ、いつも質問されました。これらは日本だけの習慣ですから理解できないでしょう。

また、日本で「赤目」は「あかんべえ」という意味があり、人を軽蔑する仕草ですが、これも中国ではないそうです。仕草、動作にも日中間では多くの違いがあり、これを対比させることも面白いですよ。「おいでおいで」「のこぎり」「OK！」などは手の動く方向が日本と中国は全く逆です。驚くことに、九を示す指の形が日本では「すり」を表わしますので、中国人に日本ではしないようによく注意しましょう。

日本では嫁入り衣装は真っ白で、潔白を示しますが、これを初めて目にした中国人からはいつも変な眼で見られ、度々質問されました。中国では"白事 báishì"は葬儀の印なのですから不思議に思うのも無理ありません。中国では葬儀の際、親族は真っ白い服を羽織り、白い鉢巻のようなものを頭に巻き、白い幟のようなも

のを掲げて埋葬の儀式を執り行いました。

　改革開放初期でも、婚礼の花嫁衣装は真っ赤でしたが、最近では欧米式の真白いドレスが流行し始めているようです。よくホテルで中国からの視察団が純白な衣装の花嫁を見て「死装束」と驚いた時代を思い出し、中国も徐々に国際化しているのを実感します。しかし、まだ赤と白が混在しており日本人の目にはとても不思議に映ります。

48　顔色は青くならないの！

　色の感覚が中国人と日本人は本当に異なっており、アパレル製品の輸入やプリント生地の色合いなどでよくトラブルがありました。

　日本人はどちらかと言うと「わびさび（侘寂）」を重んじ、やや渋い色合いを好むのに比べ、中国人はどちらかと言うと派手で、例えば赤もやや朱色味の強い赤を好み、ピンクでも濃厚なピンクを好みます。

　しかし日本人商社マンでも、長いこと中国駐在をしていると色の感覚が変わるようで、「中国では良い色合いだと思って選んだが、日本へ持ち帰って見て間違いに気付き驚いた」とよく耳にしました。人の色彩感覚はどうやら周りの色合いと関係があるようでした。

　よくあるトラブル例は、日本側が見本と同じ色合いで染めるように要求し、中国側からは「良い色合いに染められましたよ」とサ

ンプルが届くのですが、日本側の求めるやや薄ぼけた色合いとは異なり、はっきりした濃厚な色だったというものです。「わびさび」の文化は中国ではなかなか受け入れられないのかも知れません。

　日本では人の顔色を表現する際、「真っ青になる」とか「青くなる」「青い顔」と表現しますが、漢語では"发青 fāqīng"とは言わず、"发白 fābái"とか"发紫 fāzǐ"と表現します。

　日本では「緑色」も「青」と言いますね。「青信号」「青々した木々」「青い葉」など緑と青色を区別しませんが、中国人は日本で「青信号」と表現するのをとても不思議に思うそうです。中国では"绿灯 lǜdēng"と表現し、「青々した木々」「青い葉」は"绿树 lǜshù""绿叶 lǜyè"と表現します。

　またブルーも青といい「青い空」「青い海」などと言うし、黒い毛の馬を「青毛」と呼びます。色と全く関係ない「青二才」「青くさい」「考えが青い」「青いタタミ」「青息吐息」などは中国人からいつも何故青なのと質問されますが説明不能です。正に"知其然, 不知其所以然 zhī qírán, bù zhī qí suóyǐrán"「こうと分かるが、なぜこうなのかが分からない」です。

　"青出于蓝, 胜于蓝 qīng chū yú lán, shèng yú lán"「青は藍より出でて、藍より青し（出藍の誉れ）」は、学生に是非そうなって欲しいと思ってよく紹介致します。

　中国の環境や雰囲気に合っているようで、中国では藍色の服が好まれていました。解放後、人々の服装は濃紺、藍一色でした。ですから私がある時"青一色 qīngyísè"と言ったら"一片蓝 yípiànlán"と言うべきだ訂正されました。不思議に思って問いただすと、漢語で"青一色 qīngyísè"と言ったら「真っ黒一色」という意味になるとの事で、中国人の眼から見ると黒も青になるのでした。本当に色は色々で困りますね。

黒は日本と基本的には同じイメージですが、ただ就職活動で型にはめたようにみんなが真っ黒の上下、真っ黒の靴、真っ黒のカバンを身につけているのが中国から初めて来た旅行者にはとても不思議に映るそうです。なぜ葬儀に参加する人と同じ服装なのかと質問され、私は「黒衣装はフォーマルウェアの意味があるのです」と紹介しています。

　一方中国では、最近"黒社会 hēishèhuì"が特に田舎で暗躍していると言われております。"黒社会 hēishèhuì"とは日本語流には「暴力団がはびこる社会」という意味でして、"打黒 dǎhēi"つまり「暴力団排除」「右翼グループ排除」とでも言う動きが盛んになっています。

49　"火 huǒ" 火の色々

「火をつける」を漢語では"点火 diǎnhuǒ""起火 qǐhuǒ""放火 fànghuǒ""失火 shīhuǒ""煽风点火 shān fēng diǎn huǒ"などと表現しますが、それぞれ細かいニュアンスの違いがあり、使い間違うととんでもないことになります。

中国鉄鋼視察団に随行した際、通訳が新高炉の点火式の「点火」を"起火 qǐhuǒ"と訳したので、大笑いになりました。これでは工場が火事になったことになるのです。

私たち教員は学生の「学習意欲に火をつける」事が大事な任務だと思いますが、これは"点火 diǎnhuǒ""起火 qǐhuǒ""放火 fànghuǒ""失火 shīhuǒ"とは言えません。"刺激积极性 cìjī jījíxìng"とでも表現せざるを得ません。

もっと面倒なのは「発火」です。"发火 fāhuǒ"は中国では「火が付いた」でもどちらかと言うと「自然発火」の意味でありますが、それ以外に、「腹を立てた」「立腹」「怒る」の意味の方が多いのです。

ついでにご紹介しますと日本語で「自発」「自発的にする」は自主的に自から進んでする事を指しますから、漢語は"主动 zhǔdòng"と翻訳すべきなのです。漢語の"自发 zìfā"は字は同じですが、「自然発生的」という意味で日本語とは全く逆なのです。

また、漢語の"生气 shēngqì"も、「生気溌剌」の「生気」「生き生きしている」という意味と「腹を立てる」という意味がありますので、どこでどのようにこの二文字が使われているかを、翻訳する際には瞬時に判断しなければなりません。

さて、"火 huǒ"に戻りますと、HSK試験対策の資料に単語帳が

IV　日中同字異議で起きる喧嘩　　137

ついているのですが、「火」とだけあり何も説明がありません。しかし、これを「読んで字の如く」と解釈するわけにはいかないのです。四級つまり中の上クラスの模擬テストには、"火了 huǒ le"「活気がある」、"卖得可火了！ Màide kěhuǒle!"「売れ足が速い」「よく売れている」、"上火 shànghuǒ"「のぼせる」「かーっとなる」、"火车 huǒchē"「列車、汽車（「蒸気で動く列車」から）」があるのです。"火车 huǒchē"は間もなく死語になるかもしれませんが、日本語では経営難、家計のやりくりが大変なことを「火の車」と表現しますね。

　その他にも"火砖 huǒzhuān""火纸 huǒzhǐ""火主 huǒzhǔ""火针 huǒzhēn""火眼金睛 huǒ yǎn jīn jìng""火眼 huǒyǎn""火躁 huǒzào""火性 huǒxìng""火性大发 huǒxìng dàfā"などいろいろあります。当ててみてください。

　"火砖 huǒzhuān"は「耐火煉瓦」、"火纸 huǒzhǐ"は「火付け用紙」、"火主 huǒzhǔ"は「火の元」、"火针 huǒzhēn"は「漢方医学用の鍼」、"火眼金睛 huǒ yǎn jīn jing"「千里眼」、"火眼 huǒyǎn"「急性結膜炎」、"火躁 huǒzào"「怒りっぽい」、"火性 huǒxìng"「かんしゃくもち」、"火性大发 huǒxìng dàfā"「すぐかーっと怒った」です。

50 "打电话 dǎ diànhuà" 電話は叩き壊してしまうの？

"打 dǎ"の文字は日本語では打つという意味がほとんどで、「打算」などは中国から伝わったのではないかと思います。

中国では"打 dǎ"に驚くほど多くの使い方があるのです。私が最初に目にしたのは"打电话 dǎ diànhuà""打桌椅 dǎ zhuōyǐ"で「電話を叩き壊す」「机椅子を叩き壊す」という意味にとりました。でも話を聞いているうちに「電話を掛ける」「机や椅子を作る」という意味なのだと分かり本当にびっくりしました。

また、日本語では「電話を掛ける」ですから、私が"挂电话 guà diànhuà"と言いましたら、漢語では「電話を切る」「受話器を降ろす」という意味になると教えられ、全く逆になることを知り驚きました。このような例は枚挙にいとまがありません。"打听 dǎtīng"「問い合わせる」、"打天下 dǎ tiānxià"「天下を取る」、"打造 dǎzào"「作り出す」、"打出 dǎchū"「打ち出す」、"打车 dǎchē""打的 dǎdī"「タクシーを拾う」、"打开 dǎkāi"「開く」「切り開く」、"1打 yì dǎ"「一ダース」、"打球 dǎ qiú"「球技のプレーをする」、"打门 dǎ mén"「戸を叩く」、"打人 dǎ rén"「人を殴る」、"打翻 dǎfān"「ひっくり返す」、"打榧子 dǎ fěizi"「指を鳴らす」などです。

"打算 dǎsuàn"は「心づもりする、予定する」で、日本語の「打算」のようなマイナスイメージはありません。"打发 dǎfā"「人を使いにやる、人を行かせる」、"打发时间 dǎfā shíjiān"「時間を費やす、時間をつぶす」。また、"打仗 dǎzhàng"「戦争をする」、"打架 dǎjià"「喧嘩をする」、"打工 dǎgōng"「バイトをする」、"打扮 dǎfèn"「装う、化粧をする」、"打包 dǎbāo"「包装する、包む」、"打

动 dǎdòng"「感動させる」のように「する」と言う意味もあります。私が漢語を学び始めたのは、戦後すぐですから中日・日中の辞書も手に入らず、本当に毎日が驚きの連続でした。

51 "东 dōng" 東の色々

　日本語では縦横十文字で方角を示し、「東西南北」と表現しますが、漢語では時計回りで"东南西北 dōng nán xī běi"と表現します。

　毛沢東の有名な言葉に"东方压倒西方 dōngfāng yādǎo xīfāng"「東が西側を圧倒する」があります。ここで注意！　日本語の「圧」と漢語の"压 yā"は点一つ違います。

　日本では「北東アジア」と言いますが、漢語では"东北亚 dōngběiyà"、漢語の"东海 Dōnghǎi"は「東シナ海」のことです。

　地名の「東シナ海」「南シナ海」はかまいませんが、「支那」は要注意です。「支那」は英語の「チャイナ」の漢字版だと主張して中国に対して使い続ける人がいますが、これはかつて日本人が中国人を蔑視、蔑(さげす)んで使用した言葉ですので、中国の人々はいまだにこの二文字から受けた悲しみ、屈辱を忘れ得ないでいるのです。

人間は感情の動物ですから、加害者である日本人が、わざわざ被害者の感情を逆撫ですべきではないと思います。日本人としてそれぐらいの配慮、慮る気持ちがあって当然ではないでしょうか。

　2013年の全人大で"振兴中华 zhènxīng Zhōnghuá"「中華復興」、"中国梦 Zhōngguómèng"「チャイナ・ドリーム」が叫ばれています。かつて、唐・明の時代までは中国は先進国でしたが、近代に入って欧米列強に植民地化され、奴隷扱いされました。日本が侵略してからはさらに酷い扱いを受け、とても悔しい思いを味わいました。GDP世界第2位、科学研究、特許やその他の面で大きな成果を挙げている中国は、今こそ"振兴中华 zhènxīng Zhōnghuá"「中華復興」、"中国梦 Zhōngguómèng"「チャイナ・ドリーム」を掲げ、国民を一つにまとめたいと指導者は考えているのでしょう。

　日本人は一度も他民族に蹂躙されたことがないので、虐げられた人々の心を理解するのが難しいかもしれませんが、努力して察しようとするべきではないでしょうか。

　さて、「東家」と書いて"东家 dōngjiā"は「主人」「主人側」「ホスト」という意味、"股东 gǔdōng"は「株主」、"股东大会 gǔdōng dàhuì"は「株主総会」、"东道国 dōngdàoguó"は会議の「主催国」「ホスト国」、"做东 zuòdōng"は「主催者になる」「ホストになる」、"房东 fángdōng"は「家主」など、漢語の"东 dōng"という文字には「主」という意味が含まれています。

52　"花 huā" 花の色々

　「私の名前は花子です」は漢語で言うと"我叫花子 wǒ jiào Huāzǐ"となりますが、漢語での"叫花子 jiàohuāzi"は乞食という意味で「私は乞食です」と言った事になるのです。

　さて、花も色々あります。

　"花泳 huāyǒng"は「シンクロナイズド・スイミング」、"花样滑冰 huāyàng huábīng"は「フィギュアスケート」、"烟花 yānhuā"は「花火」のこと。"花白 huābái"「白髪交じり」「ゴマ塩頭」、"花边 huābiān"「フリル」「レース」、"花布 huābù"「プリント生地」「花柄の布」、「派手すぎる」は"太花 tài huā"と表現します。"花菜 huācài"「カリフラワー」、"花茶 huāchá"「ジャスミンティー」、"花车 huāchē"は婚礼で新婚さんの乗る車や貴賓をお迎えする車です。"花池子 huāchízi"は池かと思いきや「花壇」を言います。

　"花不起 huābùqǐ"とは「時間を費やす訳にはいかない」「お金がなくてそれは買えない」とかいう意味で使われます。"花城 huāchéng"は「広東省広州市の別称」または「パリの別称」です。また、"花旦 huādān"は伝統劇である京劇の「女形」を表わす言葉で、日本人にも馴染みの有名な梅蘭芳さんがそうですね。

　"花灯 huādēng"は旧暦の1月15日元宵節の灯篭祭りに出品されている飾り「灯篭」のことです。"花费 huāfei"は"费 fei"を軽声で読むと「出費」「支出」、"费 fèi"と四声で読むと動詞となり、"花费金钱 huāfèi jīnqián"「お金がかかる」、"花费时间 huāfèi shíjiān"「時間を費やす」「時間がかかる」、"花费心血 huāfèi xīnxuè"「心血を注ぐ」などとなります。

また、"花眼镜 huāyǎnjìng"とは「色眼鏡」ではなく「老眼鏡」のこと、老人が"花眼 huāyǎn"とか"眼花了！Yǎnhuā le!"と言うと、それは「老眼になった」という意味なのです。さて"年老眼花 niánlǎo yǎnhuā""老花镜 lǎohuājìng""头昏眼花 tóuhūn yǎnhuā""眼花缭乱 yǎn huā liáo luàn"はどういう意味でしょう。

　"年老眼花 niánlǎo yǎnhuā"これは「年を取って目がかすんで老眼になった」という意味です。

　"老花镜 lǎohuājìng"これは古い花型の鏡かと思うでしょうが、実は「老眼鏡」のことです。

　"头昏眼花 tóuhūn yǎnhuā"これは「頭がふらふらしてめまいがする状態」を示しているのです。

　"眼花缭乱 yǎn huā liáo luàn"これは色とりどりで目がくらむ、とか目移りしてしまうという意味なのです。本当に漢語は面白いでしょう。

53 "花光了！ huāguāng le!" 中国の花はピカピカ光るの!?

　初めて友人から"花光了！ Huāguāng le!"と言われてとても驚いた事を今でもはっきり思い出します。「なんの花が光ったの」と聞くと"钱花光了！ Qián huāguāng le!"と言うので又びっくりしました。実は漢語の「光」には「やり尽くす」「し尽くす」という意味もあるのです。本当に"得其意，忘其形 dé qí yì, wàng qí xíng"でしょう。つまり、お金を全部使い果たしたという意味だったのです。最近の中国の流行語に「月光族」と言うのがあり、日本人は「月光仮面」の物語を思い出すかもしれませんが、中国の"月光族 yuèguāngzú"「月光族」とは「月給が1カ月と持たず、貯金もできずに次の給料が出る前に全部使い果たす人々」を指すそうです。

　ある時「三光丸」という戦前から中国でも販売していた漢方薬の会社の方が訪ねてこられ、対中投資の相談がありました。会社名、商品名を拝見して、一瞬困ったなと思いました。

　実は、中国の人々にとっても「三光」の二文字は大変嫌な事を思い出させるし、日本人にとっても不名誉な歴史を連想させる名前だからです。もし進出されるなら「薬の名前」や「会社名」に一工夫が必要ですと申し上げ理由をご説明させていただきました。

　かつて中国の東北地方をなかなか支配できずに手を焼いた日本軍国主義者は、「7.7事変」（盧溝橋事件）を引き起こして全中国への侵略を展開した際、華北の中国人民の激しい抵抗に会い、進駐した地方で無差別に「焼き尽くし、奪い尽くし、殺し尽くす」政策を取りました。中国語では「し尽くす」を"〜光 guāng"と表現

するので、この政策を中国では「三光政策」と表現していました。つまり「焼き尽くし、奪い尽くし、殺し尽くす」は"烧光、抢光、杀光 shāoguāng, qiǎngguāng, shāguāng"と表現するのです。

最近では"光盘 guāngpán"「レーザーディスク」が新たな活躍をし、宴会で出されたお料理を無駄なくきれいに食べ、皿を空っぽにする勤倹節約運動に一役かっています。"光 guāng"は「きれいさっぱり」、"盘 pán"は「お皿」という意味ですので、"光盘 guāngpán"は「お皿をきれいに」つまり「きれいに平らげる」という意味になるのです。

54 "味 wèi" 味の色々
味がなぜ臭くなってしまうの？

日本語で「味」は舌で味わう物で、鼻で嗅ぐものではありません。また「味方につける」「味方同士」「味方討ち」などと「味な使い方」をしますが、漢語には"意味深长 yìwèi shēncháng"ぐらいしかありません。

漢語には舌で味わう"味 wèi"と、鼻で嗅ぐ"味 wèi"がありますので、間違わないようにしましょう。現在では、舌で味わう"味 wèi"には"道 dào"をつけて、"味道 wèidào"とも言い、鼻で嗅ぐ"味 wèi"には"儿 ér"をつけて"味儿 wèir"とも言って、舌で味わう味と、鼻で嗅ぐ匂いとを区別しています。

例えば、"有味儿 yǒu wèir""没味儿 méi wèir"と言えば「匂いがする」「臭わない」という意味になり、"有味道 yǒu wèidào""没味道 méi wèidào"と言えば「味がある」と「味がない」という意

味ですが、日本語の「味がある」「味がない」のもう一つの深い意味は含まれていません。日本語はなかなか味わい深い言語です。

ところで、私は"味儿 wèir"は「匂い」のことで、お味は"味道 wèidào"と教えられましたので、"你觉得口味儿怎么样？ Ni juéde kǒuwèir zěnmeyàng?"と聞かれた時は、てっきり「あなたは口臭をどう感じますか」と聞かれたと思いました。話している内に"口味儿 kǒuwèir"とは「口臭」「口の匂い」ではなく、料理のお味を指していて、「お口に合いますか」と言う意味だということが分かりました。この勘違いにはみな爆笑でした。

中国では客をもてなす際、よく"口味儿 kǒuwèir"を使います。"这里的菜合不合各位的口味儿？ Zhèlǐ de cài hé bù hé gèwèi de kǒuwèir?"は「ここのお料理は皆様のお口に合いますでしょうか」「ここのお料理はお口に合いましたでしょうか」と聞いているのです。

同じように"滋味儿 zīwèir"は、"没滋味儿 méi zīwèir"が「まずい」「美味しくない」、"有滋味儿 yǒu zīwèir"「うまみがある」「味がある」「味がいい」「美味しい」です。

| 55 | 煎餅って言うから買ったのに！ |

　中国と同じ文字を書くのに、似ても似つかぬ物になる例に「煎餅」が挙げられます。

　中国の"煎饼 jiānbǐng"は日本の「お煎餅」とは似ても似つかないしろもので、よく訪中団の方がひっかかります。実はトウモロコシの粉、大豆の粉で作った薄いもので、味噌やネギをはさんで食べます。一見するとまるで卵焼きかクレープのようです。「煎餅」と書いてあるからつい購入して驚くのでした。

　"饼 bǐng"「餅」と中国でも日本でも同じ字を書きますが、漢語の"饼 bǐng"は小麦粉を練って薄く引き延ばして焼いた、インドの「ナン」みたいなものを指し、日本はもち米を蒸して臼でついたものですから全く異なります。

　一説では中国の雲南少数民族の食べ物に日本の「餅」によく似たものがあるとのことです。また中国ではもち米で作った「草餅」のようなものがありますが、日本で言う団子に近い物です。

　同じ例に「饅頭」が挙げられます。中国でも"馒头 mántou"「饅頭」がありますが、全く異なる物で、小麦粉に酵母を入れて寝かせ発酵させてから再度練り饅頭状に切ったり、丸めたりして蒸し上げた蒸しパンのような主食で、甘い味はありません。

　その生地にあんこを入れて包んだのもあり、肉餡であれば"包子 bāozi""肉包子 ròubāozi"と言い、これは日本で言う「ぶたまん」で、小豆餡が入っていれば"豆沙包 dòushābāo"と言って、これが日本で言う饅頭に近い食べ物です。

Ⅳ　日中同字異議で起きる喧嘩

| 56 | 名前の色々 |

　中国と日本は同じ漢字使用国という事もあり、名前、地名、固有名はすべてお互いにその国の言葉で表現するのではなく、その漢字を自国の発音で読んでいますが、そのために英語を学ぶ学生でも漢語をある程度学ばないと、英字新聞も英語の放送も理解できなくなるのです。例えば「温家宝」「おんかほう」、「胡錦濤」「こきんとう」、「習近平」「しゅうきんぺい」なんて出てきません。Wen Jiabao「ウェヌ・ジャーバオ」、Hu Jintao「フー・ジヌタオ」、Xi Jinping「シー・ジンピン」と表現されているので、この音とスペルだけでは誰のことがぴんとこず、分からないのでよく外大の先生方にも質問されました。

　私が北京の学校で勉強していた時代、周りには目の前で両親を日本軍に殺害された人が沢山いましたし、日本人を見たら殺したいという人もいました。ですから友人は、町へ出る時は下の名前を言うと日本人と分かるからと気を遣ってくれて、旧姓「宮崎」でしたので苗字だけで呼ぶ事にしてくれました。中国人で苗字が「宮」"宮 gōng"という人が多いので、中国人で通しましたが、最初の頃は漢語の発音が悪いので疑われました。友人がすかさず「この人は南の人なのよ」と言うと、お店の人も「ああそうなの！南方人なのね」と納得してくれました。お気づきになられましたか、日本語の「宮」と漢語の"宮 gōng"は点が一つ違います。やはり点が大事ですね。

　日本服装訪中団が北京で答礼の宴会を開いた時の出来事です。名札が用意されていて、私の隣の席は「宮本芳」という名前でし

たので、私たちはてっきり日本人女性が来ると思っていました。ところがそこへ100キロの巨体をした恰幅の良い男性が来て座ったのです。みんなびっくりです。後に「0.1トン」と呼ばれた総経理（ゼネラルマネージャー）でした。

　そうかと思うと「王軍」などと男みたいな名前でも、お会いすると美しい女性経理（マネージャー）だったりして、本当に「名は体を表わさない」のが中国の名前です。私もニチメンで最初にいただいた健康保険証には「男性」と書いてありました。確かにお隣の男性が「敏美」でしたから、私を男性と人事課が勘違いするのも頷けますね。

　ここで肩書きについて一言。"总经理 zǒngjīnglǐ""经理 jīnglǐ"は字面から見ると「経理」ですから誤解が生じます。漢語で「経理」は"会计 kuàijì"と言い、"会 huì"と発音せずに、"会 kuài"と発音します。そして"经理 jīnglǐ"とは「経理」ではなく、日本で言う「部長」みたいな肩書きですが、漢語で"部长 bùzhǎng"とは日本で言う「大臣」なのですから、部長と訳すわけにはいきませんね。漢語は本当に面白いでしょう。

　また、中国の会社システムは日本と異なり欧米式です。日本の取締会は決定権と執行権が一本化しておりますので、社長、常務、専務も決定して執行します。しかし、中国の"董事会 dǒngshìhuì"は日本でいう「株主総会」如きもので、会社の経営に関する決定を行なう場ですが、参加者には執行権はありません。執行はすべて"总经理 zǒngjīnglǐ"に委任するのです。従って"董事长 dǒngshìzhǎng"とは"董事会 dǒngshìhuì"の最高責任者ですので、日中関係者は誤解が生じないように、そのまま「董事長」「董事会」と呼ぶ事にしております。

　"董事 dǒngshì"は出資社の代表として参加しており、基本は決

定権のみです。なかには"董事 dǒngshì"で"总经理 zǒngjīnglǐ"を兼務する人がおり、この方は決定権と執行権を有することになります。

57　酷なお兄さん！

日本語にはカタカナがあるので簡単に外国文化を吸収できますが、中国は大変です。中国の若者も色々工夫していますが、私たちは少々ついていけません。

昔からよく用いられる外来語には、例えば"幽默 yōumò"「ユーモア」などがあります。

「格好良い！」を私は"帅 shuài"をつけると学んだものですが、最近では"酷 kù"をつけるのです。でも漢語の文字には意味があり、残酷の酷なので「クール」のイメージとかなりかけ離れています。例えば「クールなお兄さん」は"帅哥 shuàigē"ではなく"酷哥 kùgē"と表現します。日本人が見たら「酷な兄貴」ですから驚くでしょう。

「ファッション・ショー」を"时装秀 shízhuāng xiù"と表現し、「～

ショー」は"〜秀 xiù"と表現するのですが、"秀 xiù"の文字に秀でるという意味があるので、私はショーだとは中々思い至りませんでした。

　当てて見てください。"派对 pàiduì""卡拉 OK kǎlāOK""卡通 kǎtōng""粉底霜 fěndǐshuāng""脱苦海 Tuōkǔhǎi""乐酷天 Lèkùtiān"。漢字にはそれぞれ意味があるので混乱しますが、外来語を上手く直しているのもあります。

　"派对 pàiduì"は「パーティー」、"卡拉 OK kǎlāOK"は「カラオケ」、"卡通 kǎtōng"は英語の cartoon からとったもので「アニメ」、これらは音のみで漢字にあてこんだものです。

　しかし、以下の訳は発音も近いし、意味も含まれているので名訳です。

　"粉底霜 fěndǐshuāng"は「ファンデーション」、「おしろい（白粉）の下に塗る霜状のもの」ですから上手に意味も表現しています。

　"脱苦海 Tuōkǔhǎi"は貼り薬の「トクホン」の訳で、確かにトクホンを貼ると辛い、痛い苦しみから抜け出す事ができますから、これも上手い訳です。

　"乐酷天 Lèkùtiān"は字面からでは「楽で酷な天」ですが、日本の「楽天」の訳で、"酷 kù"は前述のように若者用語でクール、格好良いという意味があるので、「楽しくて格好がよい天地」という意味が表現されています。

　「テレビ」は電気の力で画像を見る機械ですから"电视机 diànshìjī"、「ラジオ」は音を大気から収める、取り込む機械ですから"收音机 shōuyīnjī"、なかなか良い訳ですね。

　例を挙げれば枚挙にいとまがありません。

Ⅳ　日中同字異議で起きる喧嘩

| 58 | 通訳泣かせのカタカナ用語 |

　カタカナを使う日本の有利な面と、カタカナがない漢語の非常に不利な点をご紹介しましょう。一説ではカタカナは日本女性が発明したそうで、女性として少し鼻が高く、誇りに感じます。カタカナのお蔭で日本人はいち早く欧米の新技術を導入できたのではないでしょうか。しかし、最近のカタカナ語「氾濫」状態で「美しい日本語」が淘汰されてしまいそうで心配しています。

　逆にカタカナのない中国では大変です。まだ英語はそれほど普及していないので、英語表記は新聞等公共の書面では禁じられていますが、日々新しい技術や品物が誕生しており、それをどう表現すればよいか、中国の方々はとても苦労しています。

　最初にアジア通貨危機が発生した頃、中国の新聞に"套利基金 tàolì jījīn""套头基金 tàotóu jījīn""避险基金 bìxiǎn jījīn""对冲基金 duìchōng jījīn"と出ているので、それぞれ別の事だと思っていました。後に文章の前後からどうやらヘッジファンドに近い意味らしいと気が付きましたが、一体どこがどう違うのか、どう使い分けているのか迷ってしまい、どんどん調べていくと、みな同じく「ヘッジファンド」を指しているという事が分かりました。翻訳者各人がそれぞれ意訳をしていたのです。

　2000年になって人民日報上でやっと"对冲基金 duìchōng jījīn"に統一されました。カタカナさえあれば本当に便利ですね。

　また"国际联网 guójì liánwǎng""国际互联网 guójì hùliánwǎng""计算机联网 jìsuànjī liánwǎng""因特网 yīntèwǎng""互联网 hùliánwǎng"等と新聞には書かれているので、違う事だと思って

せっせと単語を整理しました。これも2000年になって人民日報でやっと「インターネット」は「インター」の音から"因特yīntè"を取り、「ネット」はその意味から"网wǎng"を取って"因特网yīntèwǎng"と統一すると発表されましたが、現在でも"因特网yīntèwǎng"以外に"互联网hùliánwǎng"もよく使っています。初めて漢語を学ぶ人にとっては大変です。

　でも良い事もあります。日本に帰国する際、丁度中国で『カタカナ日本語辞典』が発行されましたので、これを購入し大いに助かりました。初めて「プライペード」と聞いた時、すぐこの辞書を引き「私的な」という意味だと分かりました。今でもカタカナ語の意味が分からない時、漢語辞典を調べると、漢語ではちゃんと意訳されているので、その意味が分かり大変助かります。

59　通訳泣かせの方言

　中国は国土が広く民族の数が多いばかりか、漢民族と言われる人々の間でも方言があり、中国の方言によるトラブルも格好の漫才のネタとして、みなを笑わせています。

　東北では「沢山」"很多 hěnduō"を「ぜいどう」と発音しますが"贼多 zéiduō"と同じ音なのです。これを使った漫才を一つご紹介しましょう。

　ある南の方が東北へ商売に行って、夜宿泊先を町の人に尋ねると「あっちも沢山あるよ」と言ったのですが、南の人には"贼多贼多 zéiduō zéiduō"「賊が多いよ、賊が多いよ」と聞こえ、では「こっちは？」と聞くとやはり"贼多贼多 zéiduō zéiduō"「賊が多いよ」と言われ、結局野宿したのだとか。爆笑です。

　よく東北や山東の人は"油肉不分 yóu ròu bù fēn"、つまり"肉 ròu"のことを"油 yóu"と言うと言われ、上海の人は"（黄）皇王不分（huáng) huáng wáng bù fēn"「（黄）皇と王を区別しない」みな"wáng"つまり"王"と言うと言われています。他の地方の人は聞いていて混乱してしまいます。

　なにしろ、上海でも河一つ越えたら言葉が通じないそうです。まだカーナビがない時代、よくタクシーの運転手に「道を聞いてくれないか」「聞く時はたどたどしい漢語で、外人らしく聞いてくれ」と頼まれました。「どうして、あなたが聞かないの」と言うと、「僕が聞いたら、わざと上海人には聞き取りにくい方言でいうので、全然聞き取れないんだ」「外人が聞くとゆっくり標準語で親切に話すので、僕でも分かるんだ」との事でした。

「日本」"日本 Rìběn"も東北では「いーべん」、武漢のあたりでは「あるべん」、上海あたりでは「すべん」、広東あたりでは「やっぶん」ですよ。これほど標準語"普通话 pǔtōnghuà"との差があるので、初日の授業で必ず紹介しました。

　ではここで大阪弁に纏わる面白い体験をご紹介しましょう。

　大阪の石材屋さんが中国から墓石用の御影石開発輸入をしていました。社長さんは丁稚上がりで大阪弁しかしゃべらないので、いつも私が時間を工面して通訳のお手伝いをしていました。ある時どうしても都合がつかないので、広州市で一番日本語の上手な先生と思って、広州外国語大学の先生に海南島まで同行し通訳をお願いしましたところ、3日もせずに先生が発熱して帰って来られました。聞くと「全然日本語が分からなくなって」とのこと。お訊ねすると「社長が『私は石をなぶって（嬲って）七十年』とおっしゃったが、石をどのようにしてなぶるの？」。なぶるを「冷やかす」「からかう」「ばかにする」と理解した先生にはこの一言が分かりませんでした。

　さて山に到着し「まずこの石をほってください」と言うので、「ほって」を「掘って」と翻訳したところ、「石の山をどのように掘るの？」と先方も理解できません。そこで「どのようにして掘ればよいのでしょう？」と聞くと「ほかすんだ」「ほかせばいいのだ！」とおしゃっいますが、その「ほかす」「ほかせば」が分からず、「ほかすって何ですか？」と聞くと「あかんなー！」との返事、「何が開かないのですか？」と聞くと「どだい、あきまへんわ！」との返事、「土台？」「あきまへん？」「おおきに？」と聞けば聞くほど頭がこんがらがってしまい、「とうとう熱を出して帰ってきたのです」とのことでした。私はそれを聞いて、お腹を抱えて笑い転げてしまいましたが、本当は笑いごとではありませんね。

Ⅳ　日中同字異議で起きる喧嘩

私も大阪弁で困ったことがありました。関西に来てすぐの頃、買い物から帰ってきて「これかってきました」と言うと、「どこからかってきたんか」との質問、「お店からかってきました」と言うと、「なぜかってきたのか、なぜお金を渡したのに支払わなかったのか？」と問い詰められ、初めて大阪弁では「かった」は「借りた」で、標準語の「買った」は「こうた」と表現するのだということを知りました。また「さらを持って来て！」と言われて「お皿」を持って行って叱られました。大阪弁では「新品」のことを「さら」というのですから、合弁会社で中国人もよく間違うはずですよね。

　広州交易会での出来事、ある時会場で「戸毛さんちょっと来て！急に中国側が怒り出したので」と言われ、大急ぎで駆けつけると中国側は、「日本人は僕らを罵った」と言うのです。商談でそんな罵るなんてと思いつつ、日本側に聞いても思い当たることはありません。ところが中国側が"他们骂我们ばか！ Tāmen mà wǒmen BAKA！"と言ったので、日本側に今「馬鹿」とか「あほ」とか言わなかったかと質問すると、「ああ！　むちゃくちゃ高い値段を提示してきたので、そんなアホな！とかそんな馬鹿な！とか言ったなあ！」です。中国人はテレビや映画の日本侵略の場面で、よく「馬鹿野郎」「あほ」を聞いているので、「ばか」「あほ」と聞いて罵られたと思ったのです。本当に「相互理解とは言うは易し、実現は難し」、でも必ずこれを乗り越えていかなければなりません。

60　発音からくるとんでもないトラブル

　郊外へ向かうタクシーの助手席に女性がかけた場合に、必ず注意することがあります。

　中国の運転手は郊外に出るとものすごいスピードで走りだします。当時道路には、往々にしてセンターラインがありませんでしたので、すれ違いの際危うく正面衝突しそうになり、私は眠気も起きませんでした。女性はつい「怖い！　怖い！」と声を挙げてしまいます。ところがここで運転手は逆に益々スピードを上げますので、運転手に「スピードを落としてください」と言いましたら、運転手が「彼女がもっと早く！もっと早く！と急かせているではないか」と怒って言うのです。お分かりいただけましたでしょうか。

　実は日本語の「怖い！　怖い！」を運転手は漢語の"快！快！Kuài! Kuài!"「早く！　早く！」と言っていると聞いたのです。

　また、社長が後ろの席で秘書が前に座られる際は、必ず「社長！」と声を掛けないように注意しました。どうしてでしょうか？

　相変わらず郊外の道路を猛スピードで走っていた時の事です。秘書が後を振り返って「社長！」と言って話しかけた途端、運転手が急ブレーキを掛けました。そこで私が「どうして急ブレーキを掛けるの、危ないではありませんか」と言うと、運転手は「彼が下車すると言ったではないか！」と怒っているのです。つまり「社長！」という日本語を運転手は漢語の"下车！Xiàchē!"と聞き間違えたのでした。

　もうひとつ、ある上海のプリント会社での出来事です。色について従業員と話していると、みなが「禿さ！　禿さ！」と言って

IV　日中同字異議で起きる喧嘩　　157

いると社長はおっしゃるのです。社長はまだ40代でしたが若禿の方でした。でもちょっと考えれば分かるはずです。「従業員が日本語を話せるはずがないでしょう」と言いました。後にその事を従業員に話すと、なんと「黒い色」を上海語で「はげいさあ」のような発音で言うことが分かり、大笑いしました。

私は髪の毛が後退した方によく「前途光明ですね」、漢語では"前途光明 qiántú guāngmíng"と"前禿光明 qiántū guāngmíng"の音が似ているので冗談まじりでこう言います。それを聞いた中国の方が「じゃあ！"全禿更光明 quántū gèng guāngmíng"だな！」と言われ、宴席では大いに盛り上がりました。

香港に出張した際、バス停留所に"小心落车 xiǎoxīn luòchē"という看板が立てられており、私はてっきりこの辺でよく「落車」「車からおっこちる事故が多いのかな」と思いました。ところが聞いてみると、香港の人は「下車」のことを「落車」というのでした。また、中国の友人と初めて旅行した際の事です。友人がどこどこで"倒车 dǎochē"「車を倒す」と言うのでびっくりして聞き直しました。すると「車を乗り換える」を漢語では"倒车 dǎochē"「車を倒す」と言うのよと教えられ、面白い表現だと一遍に覚えました。このように「面白いなあ」と感激するのも記憶力向上の一手かも知れませんね。

"我觉得不快！ Wǒ juéde bú kuài!"を字面から「なに？ 不快、何が不愉快なのか！」と読んだ日本人に怒られて納得いかない中国人、でも日本語に正しく翻訳すると「私は早いと感じません」「私は早いとは思いません」と言っていたのでした。

如何ですか？ 本当に漢語は面白いでしょう！

V

文化の違いからくる誤解

1 「急便」の誤解

　日本の飛脚や褌(ふんどし)という文化が中国にないために起きた誤解をご紹介しましょう。

　中国は日本と比べられないほど広い国土を持っている国なので、物や手紙を運ぶ時は人がリレーして走るのではなく、早馬を飛ばしていきました。唐の玄宗皇帝が愛した楊貴妃に、南でしか育たないレイシ（荔枝）をご馳走しようと、早馬を乗り継ぎ長安まで運んだ際、乗り継ぎ場所を"驛(驿) yì"「駅」と表記しました。馬偏がつくのです。今日でも日本ではステーションの意味で「駅」を使いますが、中国では以上から「駅」という文字を用いず、「一旦立ち止まる」という意味を持つ"站 zhàn"を使用しています。

　国交が正常化されて初の展覧会として、大阪でやや大規模な中国生薬展覧会が開かれました。その際来日された薬品関係者から質問がありました。「日本の広告は日本語が分からなくとも大体漢字から理解できるのだが、一つだけ分からないのです。どうやら下痢止め薬の広告みたいなのですが、急に便意をもよおしてきたらしく、パンツを脱ぎ肩にかついで、便所はどこだ！と走っている広告です。何の薬の宣伝でしょうか」。何のことか思い当たらず、「それには何と漢字が書かれていましたか」と聞くと、「なんとか急便」と言われ、そこではっと気がつきました。

　改革開放が始まってすぐに、佐川急便の方々が中国では輸送車が不足していることを耳にされ、まだ十分使用可能な中古車（漢語では"二手车 èrshǒuchē"と言います）をきちんと整備され、無償で中国に寄贈されたということは聞いていました。その際、宣伝の

ため飛脚のマークはそのままとの約束だったとのことです。でもまさか中国人にそのように受け止められるとは、私も夢にも思いませんでした。最近では水色の美しいデザインに変わっておりますが、まだ時々飛脚の絵付きのが走っており、それを目にするたびこの質問のことを思い出します。文化の違いを思い知らされた一件でした。でもこのトラックが、当時遅れていた中国の物流に大きな貢献をしたことは疑う余地もありません。

　今ではショッピングライフの革命と言われている"网购wǎnggòu"「ネットショッピング」が中国では大流行とかで、"宅急便zháijíbiàn"が大いに活躍しているとのことです。こうして"急便jíbiàn"文化が広まり、「急便」のイメージ・チェンジができつつあり、佐川社長の思いが実現しつつあると言えますね。

| 2 | 挨拶用語による誤解 |

　IV-6の「どちらへ？」による誤解のように、日本語には漢語に翻訳できない挨拶用語がやたらと多く、これも通訳泣かせです。

　食事に呼ばれ、中国人が「いただきます」も言わずにパクパク食べ始めると、「礼儀もわきまえない中国人」と言われるのですが、漢語には「いただきます」に相当する挨拶用語はありません。食べ終わっても、「ご馳走様でした」も言わずに、と、これまた批判されますが、「ご馳走様でした」という習慣もありませんので、"吃饱了，谢谢！ Chībǎole, xièxie!"「お腹一杯、ありがとう」、"谢谢！ Xièxie!"「ありがとう」と言っています。因みに「馳走」"驰走 chízǒu"は、漢語では「大急ぎで走り去る」という意味です。

　「行って来ます！」「行って参ります」「ただいま！」も同様、類似語としては、"我走了 wǒ zǒule"「私は行きますよ」、"我回来了 wǒ huíláile"「私は帰ってきましたよ」、"回来了 huíláile"「帰ってきました」でしょうか。

　"请吃吧！ Qǐng chī ba!"「どうぞお召し上がりください」、"请慢走 qǐng mànzǒu"「お気をつけてお帰り」、"慢待！ Màndài!"「何のおかまいもしませんでした」という言葉はあります。また、別れ際には"祝您一路平安！ Zhù nín yílù píng'ān!""祝您一路风顺！ Zhù nín yílù fēngshùn!"「道中一路ご無事でありますように！」と言います。"祝 zhù"はここでは「祝う」ではなく、「祈る」という意味で用いられているのです。ですから「あなたのご成功をお祝いします」と言う際は、"祝贺你成功！ Zhùhè nǐ chénggōng!"と"贺 hè"の一文字が欠かせません。"祝你成功！ Zhù nǐ chénggōng!"で

は「あなたのご成功をお祈り致します」になるからです。

　門口まで送らなくとも良いという意味で「ここで結構」は"请留步 qǐng liúbù"、親しい間柄であれば「じゃあね！」の"那么! Nàme!"とか"那么再见 nàme zàijiàn"、「失礼します」は"告辞了! Gàocíle!"と言います。最近でこそ「こんにちは！」"你好 nǐhǎo"と売り子さんまでが言い始めましたが、改革開放当初は耳慣れないので、店員さんが"你好 nǐhǎo"と挨拶すると、特に若者の客が冗談まじりに"我好 wǒhǎo"と応えたりしたそうですが、一般の人々は少々戸惑ったと聞きました。いまでは「こんにちは」の漢語は日本より芸が細かく、朝は"早上好 zǎoshang hǎo""早安 zǎo'ān"「おはよう」、昼は、午前に会えば"上午好 shàngwǔ hǎo"、午後に会えば"下午好 xiàwǔ hǎo"、夜は"晚上好 wǎnshang hǎo""晚安 wǎn'ān"「今晩は」と挨拶を交わします。

　注意しなければならないのは、日本人が日本式に「お元気ですか」というつもりで"您好吗? Nín hǎo ma?"と挨拶すると、中国の方々は「あれ？　私はいつ体調が悪いとか言ったかな？」と戸惑うそうです。つまり"您好吗? Nín hǎo ma?"には、「良くなりましたか」という意味が含まれているからです。

3	お礼の手紙、お礼の仕方 日本人は邪悪な悪魔に大きく変化した！

　日本では「親しき仲にも礼儀あり」というように、礼儀を大事にしますが、中国で親しい仲にもかかわらず「ありがとう」と一々お礼を言うと、中国人から「なんだあいつはよそよそしい奴だ」「他人行儀だ」と取られることもあります。ですから、あまり礼を言わないのですが、逆に日本人は反感すら感じる人も少なくないのが現状です。相互理解とは本当に難しいでしょう。

　日本では訪中して帰国した際には、必ずと言って良いほどお礼状を書く習慣がありますが、中国にはありません。「国際貿易促進協会関西本部」や「日中経済貿易センター」で勤務していた頃は、次回の受け入れに支障が出ないように、つまり「中国人はあんなに親切にしてあげたのに、礼状一つ寄越さない。けしからん！」と言われないように、中国に帰国する団長・秘書長に必ず「礼状」を出すよう念を押しました。でも出さない所もあり、挨拶文化の違いを日本側関係者に説明して回った事を思い出します。

　また、日本では数年経っていても、再びお目にかかった時には、まず最初に「その折は大変お世話になりました」とか言いますが、これもそのような文化のない国では「なんのこと？　急にいつの事を言っているの？　何のお礼を言っているの？」と驚くそうです。

　贈り物のお返しも、日本ではすぐしますが、中国人は覚えておいて次の機会にお返しの品を贈るので、すぐに返礼の品を贈られると「受け取り拒否？」と誤解されてしまいます。

　最近でこそ若者の間で"AA制 zhì"といって「割り勘」で食事をするようになりましたが、以前は今回先方が奢れば、次回「奢

り返す」のが大事な習慣でした。これを忘れると相手にされない恐れすらあるそうです。

　お礼状に纏わる笑い話を一つご紹介しましょう。

　まだ中国が鉄のカーテン、竹のカーテンで覆われていると言われていた時代の話です。訪中した日本人一行が帰国後、団長名の丁重な礼状を送ったのですが、それがとんだ誤解を招いてしまったのでした。

　ゼネラルマネージャーに日本語の分かる女性社員が呼び出され「見てくれ、日本人は中国人が邪悪な悪魔に大変身しているので、恐れおののき縮み上がっていると言ってきたよ」と言われたそうです。不思議に思って手紙を見て大笑い、礼状には「この度は大変お邪魔いたしまして恐縮いたしております」とありました。漢字のみ拾い読みしたのでした。

　ここで、日本に来られた中国の方が少しでも日本語の挨拶ができるように、私が考え出した教え方を少しご紹介しましょう。

　「おはよう！」は漢語で「私は腰を曲げます」という意味の"我哈腰 wǒ hā yāo"と教え、「どうぞどうぞ」は「みなで行きましょう」という意味の"都走都走 dōu zǒu dōu zǒu"、「どうもどうも」は漢語でいう「なんとまあ」の"多么多么 duōme duōme"、「さようなら」は"撒油拿蜡 sǎ yóu ná là"つまり「灯油をこぼしたので蝋燭を持ってきて」と覚える様に勧めました。さらに、大阪弁の感謝の言葉「おおきに」を"我给你 wǒ gěi nǐ"と教えたところ、あくる日「大阪人はけちんぼだ！」と言ってきました。「どうして？」と聞くと、昨日は「私にあげる」"我给你 wǒ gěi nǐ"と言っておきながら、翌日になると「私はやっぱり欲しいので返して」と言っているではないかと言うのです。

Ⅴ　文化の違いからくる誤解

お分かりいただけましたでしょうか。「おはよう！」が"我还要 wǒ hái yào"「私はやっぱり欲しいので返して」と聞こえたのでした。

4 「正座して両手をついてのお辞儀」と「土下座」

日本では当たり前の、両手を畳につけて深くお辞儀をする習慣も、国や文化の違いで大変です。最近中国の観光客が日本式旅館に多く泊まるようになったので、中国人従業員を募集し研修に入った所、「日本式おもてなし」が精神的に耐え難いと言って「止める！」という人が続出しているそうです。

唯でさえなかなか謝らない民族には、日本式に手を畳につけて頭を下げる姿はとても屈辱的に映り、かなり日本に長く住んでいる華人でも「絶対いやだ！」「受け入れがたい」と言います。

岡田監督が最近中国杭州のサッカーコーチとして赴任されました。岡田監督は選手たちに「怠けたり、へまをすると土下座して謝らせる」と宣言したそうです。するとどうでしょう。効果抜群で、みな必死で練習するようになったと新聞で報道されておりました。

それほど中国人は謝るのも嫌いですし、土下座する事も絶対嫌がります。これに関してはⅡもご参照ください。

5 「贈り物」文化の違い

最近では中国の総領事館からも日本の「お中元」「お歳暮」の習慣に合わせて贈り物が届くようになりましたが、中国には元来このような習慣はありません。

ただし日本とほぼ同じで、中国でも事ある毎に「縁起」を担ぎます。例えば置時計、壁掛け時計は贈り物にしません。なぜかと申しますと、時計は時計でも、腕時計は"手表 shǒubiǎo"ですから結構ですが、「置時計」は"钟 zhōng"、「壁掛け時計」は"挂钟 guàzhōng"、「目覚まし時計」は"闹钟 nàozhōng"のように"钟 zhōng"がつき、「時計を贈る」は"送钟 sòngzhōng"という発音になり、"送终 sòngzhōng"つまり「死を見取る」につながるのです。日本ではよく記念の贈り物に置時計類を用いますが、中国では絶対避けなければなりません。もらった側は「貴方の死を見取ります」

ですから、「縁起が悪い」「失礼な！」と大きな誤解を生むからです。

また日本では「鶴は千年、亀は万年」「亀の甲より年の功」と言い、漢語に訳すと"千年鹤，万年龟 qiānnián hè, wànnián guī""姜是老的辣，人老阅历多 jiāng shì lǎo de là, rén lǎo yuèlì duō"となります。日本ではよくお年寄りのお財布等にも亀がぶらさがっており、長寿の象徴や縁起物として、贈り物や置物にも亀を重宝しますが、文化の異なる中国ではこれが全然通じません。通じないばかりか逆に大きな誤解を生んでしまうのです。

よく日本人学生が親亀の背中に小亀が乗っているとても精巧にできた工芸品類や亀の彫刻がついた可愛らしいストラップなどを、心を込めて先生に贈るのですが、もらった中国人の先生方は、「本当に眼のやり場に困ってしまうんだ」とおっしゃいます。

中国では「亀」とは縁起の悪い物、運が悪い物、不吉・不運の象徴のように扱われており、浮気した妻を罵る言葉の"乌龟 wūguī"、「馬鹿息子」「馬鹿者」の"龟儿子 guī'érzi""龟孙子 guīsūnzi"などいずれも"龟 guī"が使われているのです。

でも、最近中国でも亀ちゃんがその地位を向上しつつあります。海外で成功した中国の若者たちが祖国に錦を飾るさまを"海龟 hǎiguī"と呼びます。なぜなら"海归 hǎiguī"「海外から帰国した人」と"海龟 hǎiguī"「海亀」の発音が同じだからとのことです。

| 6 | 「つまらない物ですが」 |

　まだ交渉相手がすべて「国営公司」" 公司 gōngsī" の時代のことです。「わが社はちっぽけな会社ですが」と日本の中小企業の社長さんはおっしゃるのですが、私はいつも事前にそれは言わない様に、もし言うのであれば、その後に必ず「しかし、このような優れた特色、優れた点があります」とつけ加えるようお願いしました。

　なぜかと申しますと、日本側が「わが社はちっぽけな会社ですが」とのみ申し上げると、中国側の担当者が大変困る、というか苦境に陥ってしまうのです。上司から「なんだお前は、わが国営大会社にこんな小さい会社を紹介するなんて！」と言われたりすると聞きました。ですが、そこに特色、優秀な点があると紹介されれば、誤解は解けるのです。この方式で多くの商談を成功させることができました。

　中国でも謙譲を美徳としますが、少し異なる気がします。日本では贈り物をする際、「真につまらない物ですが」とか「お口汚しに」とか口上を述べますが、一般に中国は欧米式のようです。皆様にお勧めのやり方は、" 千里送鹅毛，礼轻人意重 qiānlǐ sòng émáo, lǐ qīng rényì zhòng"「千里はるばる鵞鳥の毛を送ります。礼の品は軽いですが、込められた心は重いのです」という諺を言ってお渡しするというものです。親しい友人であれば " 小意思 xiǎoyìsi"「つまらない物ですが」、" 表示心意 biǎoshì xīnyì"「気持ちだけ」などをお勧めします。

　「ご縁がある」" 有缘份 yǒu yuánfèn"、「袖触れ合うも他生の縁」" 有缘千里又相会 yǒyuán qiānlǐ yòu xiānghuì" など中国でよく好

んで用いられている「諺」や「熟語」を使うのも良いですね。ただし「一期一会」は、仏教の教えで中国ではこう言わないようです。

私が漢語に魅了された一つの理由に、この長い歴史に培われた豊富な「諺」や「熟語」があり、よく学びましたし、使ってみるのも大好きです。

実は漢語の"有缘千里又相会 yǒyuān qiānlǐ yòu xiānghuì"には対になる句があります。"话不投机半句多 huà bù tóujī bànjù duō"つまり「話の馬が合わなかったら、半句と言えども多し」です。

みなさん、是非中国人と馬が合うようになり、意気投合"意气投合 yìqì tóuhé""秉性投合 bǐngxìng tóuhé"し合い、遭遇する幾多の困難、難局を乗り切って欲しいと願っています。

「遠慮」"远虑 yuǎnlǜ"も漢語の意味は「深く考える」「心を砕く」「心配りする」と日本語と異なり、"深谋远虑 shēn móu yuǎn lǜ""深思远虑 shēn sī yuǎn lǜ"が「遠慮深い」かと思ったら、「深く先々のことを考える」でした。

7　宴会文化

　最近の中国の新聞報道によると、富裕層の連中が宴会で見栄の張り合いをし、食べきれないほどご馳走を出してもてなし、最後に廃棄処分される食料品は、約2億人が年間食べる食料に相当するとのことで、槍玉に挙がっております。

　私が訪中団のお手伝いをしていた頃は、到着して一週間位は、物珍しさも手伝って脂っこい料理も「美味しい、美味しい」とおっしゃって皆様召し上がられますが、だんだん飽きてきますので、後半は野菜物中心で量を減らしていきました。ですから、私の団の食卓はいつも綺麗に食べ尽くされるのでした。するといつも、食堂の「服務員」に「貴女の注文する料理は少なすぎるのではないの」と注意されました。私は「日本では綺麗に食べきることが美徳なのよ」「みなが美味しいと思って食べた証拠でしょう！」と説明しました。

　でも、食料難の頃でも、特に田舎へ行くと中国側の宴会にはお皿が次々に重ねられ、全然お箸をつけない料理もあるし、食べきれないほど取り皿に盛られました。

　これらは面子を重んじる習慣から来るもので、例えば商談がうまく行かなかった際のお別れ会や、商談を断りたい時はどうすればよいか相談すると、中国の友人は決まって「盛大に派手に宴会を開いておもてなししなさい」とアドバイスしてくれました。

　確かにこうやって「後腐れなく」処理すると、お互いの友情を長続きさせることができ、結果として、後に良い商談が舞い込んで来て成功しました。

中国側には必ず「主席代表」ではなく「酒席代表」という人がおり、盛んにお酒を勧めますが、別に飲めなくとも良いのです。私は飲めないと宣言しますが、水をカップに注いで70度近い「白酒よ」と言って乾杯したり、"干杯 gānbēi"「乾杯」も「かんぱい」の「かん」"看 kàn"にかけて"看杯 kànbēi"とやったり、"随意 suíyì"「随意」とか、国際貿易促進会の略称"贸促会 màocùhuì"をもじって"冒充会 màochōnghuì"「名をかたる会」代表と言ったり、ウーロン茶に氷を入れてもらってこれを「チャイナウイスキー」"中国威士忌酒 Zhōngguó wēishìjìjiǔ"とか言って場を盛り立てました。中国ではそれで良いのです。中国では宴席で酔っ払うことは大変失礼なことで、泥酔した人は宴会の後か翌日には上司からこっぴどく批判されると聞いたことがあります。確かに中国の方々は醜態を晒す人が少ないと思います。

8 学制の呼称の違い
日本では16歳でもう大学生？

　日本人が「私は今16歳、高校生です」と自己紹介し、これを直訳すると中国人は驚き、日本には飛び級があるのかと思うそうです。日本の学制は6・3・3で、中国も同じく6・3・3ですが、中国では中学を初級中学3年と高級中学3年に分け"初中 chūzhōng""高中 gāozhōng"と呼びます。ですから中国で"中学生 zhōngxuéshēng"と言うと、日本の高校生も含まれるのです。

　一方"高等学校 gāoděng xuéxiào"を略して"高校 gāoxiào"と言いますが、中国での"高校生 gāoxiàoshēng"には日本で言う「短大生」と「四大生」が含まれ、中国では日本で言う「短大生」を"专科生 zhuānkēshēng"と呼び、日本で言う「四大生」、学部生は"本科生 běnkēshēng"と呼び分けられています。ですから、16歳で「日本人は高校に入る」とか「私は高校生」と言うと中国人はびっくりするのです。

　高低の表現も異なり、価格の高低は日本と同じ表現ですが、「高い木」は"树高 shù gāo"、「低木」は低いという字は用いず"树矮 shù ǎi"と表現するのです。

　年齢の表現も漢語では上下ではなく"大 dà""小 xiǎo"で言い、"大几岁 dà jǐ suì"「いくつ年上」、"小几岁 xiǎo jǐ suì"「いくつ年下」と表現します。また、日本では「下校」と言いますが「学校へ行く」は「登校」ですね。漢語では"上课 shàngkè"「授業が始まる」「授業を始めます」、"下课 xiàkè""放课 fàngkè"「授業が終わります」「放課」、"上学 shàngxué"は「進学」「登校」、「下校」は"下学 xiàxué"とは言わず"放学 fàngxué"と言います。「雨が降る」は"下

V 文化の違いからくる誤解

雨 xià yǔ"と言いいますが、「雨が上がった」は"上雨 shàng yǔ"とは言わず、"雨停了 yǔ tíng le"と表現します。同じだったり、違ったりで面白いでしょう。

9 パジャマと浴衣

　日本が中国からアパレル製品の輸入を始めた1970年代、中国では厳しい綿布配給制のさなかで、"布票 bùpiào"「綿布購入チケット」がないと、私たちも町ではタオル一本でさえ購入できませんでした。"新三年，旧三年，缝缝补补再三年 xīn sānnián, jiù sānnián, féngféngbǔbǔ zài sānnián"つまり「新しい服で三年着、古くなった服で三年着、つぎはぎしてまた三年着る」と言われた時代でした。

　パジャマの委託生産をすることになりました。日本がデザインし、素材を提供して、中国でレースやフリルつきの美しいパジャマを生産し、不良品は中国国内で処分することにしました。ところが、元々中国にはパジャマ文化はなく、ましてや綿布不足の時代ですから、この不良品が大人気で、わざとオシャカを作り国内で販売したほ

うが儲かるなどと言われました。すると上海の町中で、若い女性がパジャマ姿でどうどうと、なんだか誇らしげに歩き回っているので、日本人だけでなく西洋人たちもみな驚きました。このようなパジャマ文化は、上海万博まで続きましたが、さすが上海政府もこれは世界の人々の慣習にそぐわないと判断されたのか、上海万博を機にパジャマ姿で外出することを禁止しました。

　ですから、私たちが中国の代表団を受け入れる際、ホテル内では室内のみパジャマ着用、廊下や食堂へ行く際は、パジャマを着用できない事を必ず説明しました。しかし、日本式旅館での浴衣姿は外出時でもかまわないので、中国人観光客にはこれらをよく説明する必要があります。そうでないと「中国人は礼儀作法も分からないのだから！」と誤解を招いてしまうのです。

10　「蓮の花」と仏教文化

「梅」「菊」「牡丹」など殆どは日中共通ですが、「蓮の花」に対する日本人の感覚と、中国人の思い入れは全く異なります。

日本では仏事関係の物や模様に「蓮の花」をあしらったりします。

よく、中国人からお土産に蓮の花模様が描かれたお皿セットを頂戴しました。また2012年大阪で開催された商品商談会のサンプルにも、蓮の花が描かれた茶器が展示されていました。

最近、蓮花の模様入り年賀状が卒業した中国人学生から届きましたので、私だから良かったが他の日本人へ送ったらきっと驚くと思い、早速手紙を書き、日本では「蓮の花はお葬式用のデザインですよ」と注意しました。

「蓮の花」も国が異なれば全く異なる評価をされているのです。勿論中国でも仏事で蓮の花を使いますが、「蓮の花」への思い入れは日本と異なります。漢語では"出于污泥而不染 chū yú wūní ér bù rǎn"「蓮は汚れた泥沼の中から生えて来るが、汚い泥にいささかも染まることなく、清く美しい花を咲かせる」と表現し、中国では高潔な人格を表現する物としてみなが喜んで「蓮模様」を使うのです。

日本でも蓮根には穴があるので「見通しがよい」と縁起を担いてお正月のお料理に使いますが、蓮の種は食べませんね。でも中国では蓮の種も、特に結婚式などおめでたい席の料理に必ずと言って良いほど出てきます。近年は一人っ子政策ですが、中国ではどの家庭でも、まず男の子が欲しいので食べます。なぜかと言うと"莲子 liánzǐ"と"连子 liánzǐ"と同じ音なので、つまり「男の子が

続いて誕生する」という意味があるので縁起の良い物として出されるのです。

　一人っ子政策のお蔭で男女の比率がいびつになり、女子の出生率が低く（一説によると、田舎では女児が生まれると死産として処理されたとのこと）今は結婚適齢期を迎えた男性がお相手を見つけるのは大変とのこと。適齢期の女性が元来少ない上に、教育水準の高い女性はなかなか結婚したがらないとも言われており、"剰男 shèngnán""剰女 shèngnǚ"日本式に言えば「売れ残り」なんて言葉が生まれ、大きな社会問題になっているそうです。

蓮の花をモチーフにした模様の例

VI

通訳冥利
"翻译的善报 fānyì de shànbào"

「窮鼠猫をかむ」"狗急跳墙 gǒu jí tiào qiáng"
——退路を残す

通訳は一般にお会いできないような方々にお会いでき、貴重なお話を直にうかがえますので、多くのことを学ぶことができました。そのいくつかをご紹介しましょう。
　改革開放が始まったばかりの頃は、中国の投資環境に不明なことが多く、投資促進と言っても経済界にとっては大変な時代でした。
　当時、腐敗汚職が蔓延しており、学生や若者、今で言う"愤青 fènqīng"「怒れる青年」がまず立ち上がり、天安門広場での座り込みに発展していきました。私の友人や中国の貿易会社の知り合いたちもみな応援しましたし、私も応援しました。しかし、じきに友人たちが、「党内の権力闘争に利用されそうだ」とか「今の中国政権に反対する外部勢力に利用されそうだ」と心配し始め、「もう支援しない」という声もちょくちょく耳にするようになりました。そしてとうとう5月28日、戒厳令がでました。私は丁度その翌日にミッションの秘書長として上海へ向かいました。空港を出ると、多くの市民や学生、先生などからなるデモ隊が、座り込みをやめて整然と引き上げる光景を目にしました。タクシーの運転手に「どうして上海では座り込みをやめたの」と質問すると、「君、すぐ家に帰ってテレビを見なさい」と勧められました。運転手は私を随行の中国人と思ったのでしょう。
　ホテルに着くと大急ぎでチェックインの手続きを済ませ、早速テレビをつけました。そこには「朱鎔基上海市長が市民に訴えている場面」が映し出され、五つのことを繰り返し流しておりました。朱鎔基上海市長は次のように話されておりました。
1)　私も腐敗汚職については君たち同様、強い怒りを感じている。
2)　しかし、中国は法治国家であるべきで、上海では法律に基づきこれらを解決し、市民のみなさんにも裁判の状況をご報告するから、見てほしい。

3） 君たちが座り込みをすることで、市民の生活に支障を与えているが、それは君たちの願いとは異なるであろう。道路にバリケードを張ったりして、市民に迷惑をかけるべきではない。
4） また、君たちは中国の経済を良くしたいのであって、生産活動を妨害することは、君たちの目指すこととは逆であろう。
5） 中国人民解放軍は人民を解放する軍隊で、人民を弾圧するための軍隊ではない。上海には素晴らしい伝統があるではないか。上海解放の際、市民による"纠察队 jiūcháduì"「糾察隊、パトロール隊」を結成して、全ての施設を傷つけずに新中国に引き渡した、輝かしい上海の伝統を発揚して、市民によるパトロール隊を組織して社会の治安回復をしようではないか。

上海では北京のように学生諸君を「暴徒」扱いしなかったのです。そして、日本では考えられないことですが、確かに毎日テレビで腐敗汚職の裁判をしている様子が紹介されておりました。

上海がこのような措置を取った背景には、日中経済貿易センター会長木村先生が、当時の江沢民上海党委員会書記に直接意見したことがあると後から聞きました。その会談は私が同時通訳を担当したので皆様から感謝されました。

また、六四事件（天安門事件）の翌日、6月5日、広東省東莞へ合弁企業設立契約書を調印するため、秘書長として団を派遣する予定がありました。折しも天安門で大騒ぎになっておりましたので、出発が危ぶまれました。しかし、とにかく香港まで行って情報を収集して判断することにしました。出発前日は夜一睡もせず、繰り返し報道される天安門前通りでの様子、戦車が往来したり、銃声がしたりする中をNHKの記者が歴史博物館門前の柱の影から実況放送するテレビ報道を見ていました。

香港空港到着後、これから中国へ行くという台湾人や香港の人

に、中国へ行って商談可能かどうか聞くと、「大丈夫だよ」「どんぱちやっているのは天安門前通りだけだよ」「私たちも商談で行くのだから」とのことでした。中国では口コミ情報が非常に正確なので、私たちは「これを信じて行こう」と出発しました。

　私は当日の天安門前通りの様子、戦車の前で若者が立っている写真入りの新聞を買い込み、駐在している日本の方に見てもらおうと思いました。しかし、税関で没収されるかも知れないので、一部だけカバンの上の方に置き、他は隠しておきました。ところが広州の税関では没収されなかったばかりか、税関職員たちから「ああ！　僕たちも知っているよ」と言われました。

　広州市内に入ると、市民は折からの「荔枝祭り」"荔枝节 lìzhījié"の準備をしているのです。外国のメディアが報道しているように、本当に沢山の人が天安門前広場で死んでいたら中国人はこうはしないと思いました。

　ただ、広東省の国際貿易促進会の方々は、道中で万が一トラブルに巻き込まれるかもしれないので、一人案内役の方をつけてくださいました。私たち一行は無事東莞に到着し順調に詰めの商談を済ませました。到着したことを日本に伝えようと電話を掛けても、全世界のメディアが中国に電話をしているとかで、ずっと話中でした。仕方がないのでFAXをしようと思い、これも一晩中ホテルの方が電話していたのですが、通じませんでした。翌日香港入りして電話でやっと無事であることを報告しましたところ、日本国内では「戸毛一行が行方不明になっている」と大騒ぎだったそうです。

　数週間後、北京で開催される展覧会にかなりの日本企業が出展を取り止め、ブースに空きができたので、日中センターの貿易投資相談コーナーを設けようということになり、私が派遣されまし

た。商談会では多くの中国人参加者に取り囲まれ、日本ではどのように天安門事件を報道しているのか、あなたはどう思うか等と質問攻めにあいました。

　六四事件後も、北京には多くの日本人駐在者が残っており、天安門前通りに面している「民族飯店」にいた人、国際ビルにいた人や朝陽門の辺りでビルの上からデモ隊を見ていた人等の話を聞くと、解放軍はどうやら銃をデモ隊めがけて撃っていないようでした。その証拠に通りに面しているビルのガラス窓は上のほうが割れているのです。みなが言うように上に向けて脅しの発砲はしたが、水平にデモ隊に発砲はしていないようでした。

　北欧のテレビ記者が撮った映像が数年後、NHK テレビで放映され、多くの方がご覧になったと思います。あの夜天安門広場で座り込んでいた人々、テント内で休んでいた人は、歩けない人は他の方がおんぶしたりして、解放軍が開けていた「前門」の方向に向かって、涙を流しながらインターナショナルの歌を歌って引き上げていったのです。それを記録された記者が、NHK の質問に「もし、本当に沢山の死者が出ていたら、私のこの記録フィルムはみなからひっぱり凧だったかも知れない。だが一人も殺されなかったので、誰も見向きもせず、NHK さんだけが放映してくれるのだ」とおっしゃっているの聞いて、メディアというものは真実を一般にはなかなか報道しないのだということを強く実感しました。

　またここに一つ中国人の文化を感じました。日本でも「窮鼠猫をかむ」" 狗急跳墙 gǒu jí tiào qiáng"という諺がありますが、そうならないように、座り込みの人々の退路を前門側に開けてあったのです。三国志や水滸伝でも「絶対退路を残す」という文化はいたるところで現れています。

　建国当初、台湾を解放するかどうか、学校で討論する授業があ

VI　通訳冥利　　183

りました。「中国は長年戦争を続けたので、この辺で経済復興に力をいれよう」という意見のほかに、「台湾にいる国民党の人々や軍人たちもみな中国人だ。これ以上追い詰めると彼らは国外に逃れる以外に方法がなくなるではないか」「中国に残れるようにしてあげるべきだ！」と口々に学生たちが言うのを聞いて、こういう考えもあるのかと感心させられました。

　もう一つご紹介したいエピソードがあります。日頃すべての宴会には多用を理由に出席されない朱鎔基上海市長が、この六四事件後、上海に留まっていた外国の商社マンをわざわざ招待して感謝の宴席を設けられました。参加者はみな大変感激したと、後日上海を訪れた際耳にしました。

VII

ひたむき（六き）に学ぼう！

私が中国の中学に編入してからの1年半は大変でした。とにかく先生の板書写しも間に合わず、半分も書き写せませんでしたので、友達のノートを写させてもらい、友達に何度も読んでもらい漢字にカタカナを振って（当時まだピンインはありませんでした）必死で文章を丸覚えしました。当時、友達は四声なんて知らなかったようですから、全体の抑揚、つまるところ、早く読むところなど"抑扬顿挫 yìyáng dùncuò"に対して、私は、オタマジャクシに二本線をいれたり、半音上げる、下げる、だんだん大きな声になる、だんだん小さく発声するなど、色々な印をつけました。友達はみな私のノートをのぞき見しては「まるで楽譜を書いているみたいね」と笑いましたので、私は「漢語は音楽的でとても綺麗だから大好きよ」と言って朗読・暗誦を繰り返す毎日でした。

　私は体験から「漢語をマスターする事は確かに世界一難しいと言ってもよい」と思っています。数千年の歴史を持つ国ですので、その言語にも底知れぬ文化の奥深さがあります。四字熟語、諺、唐詩、俗語、"歇后语 xiēhòuyǔ"（前の句を言い、後句の意味を連想させるもの）など色々面白い表現方法があり、そして何よりも日本人にとっては発音が一番難しい言語であると言えるでしょう。ですから大学では学生たちに「だからこそ漢語を学ぶ意義があるのよ！」「稀少価値があるのよ」と教えてきました。

　今、日本では「英語ができて当たり前」、その上に漢語ができるトライリンガルな人を必要とするほど、日本と中国との繋がりが強くなっています。そしてなかなかマスターできない言語なので、漢語をマスターできれば稀少価値があります。

　私が言う「ひたむき」の「六き」とは、まず、やるき（気）を起こし、あんき（暗記）し、言うき（気）になること。つまり学んだらすぐそれを使って言おうという気持が大切です。"你好！ Nǐhǎo!"と

習ったら次に出会った時に、すぐ"你好！ Nǐhǎo!"を使って挨拶をすること。次は、ゆう・き（勇気）。失敗を恐れずに試しに使う勇気、恥ずかしがらず大きな声で言う勇気が必要です。私は通訳する時でもいつも大きな声で話します。すると間違いもはっきりみなに聞こえますので、すぐに指摘していただけたので、大変得をしました。

　また大きな声で一度読むのと、数回小声で読むのとは記憶効果が全く異なりますよ。脳科学者の研究成果が証明しているように、大声で発声すれば記憶が強まるそうですよ。

　五つ目はこん・き（根気）です。必ず日本語から検索できる自分の単語帳を作成することです。そうすると、新しい単語を記録する際、前に書いていなかったかな？とザーッと目を通さなければならないので、これが記憶を強める役割を果たします。必死に覚えるよりも、このように繰り返し目を通すやり方のほうが効果抜群です。私はこれを「パラパラ戦術」と言っています。夜寝る前の数分、朝目を覚ましての数分、この単語帳をパラパラめくって目を通すだけで、記憶がすごく強まる事に気付きました。もう一つこの単語帳はスランプに陥らないよう自分を励ましてくれる物になります。この数日でこんなに沢山学んだのだと自分の成長を自分の目で確認できるからです。そして最後はねん・き（年季）です。これらをずっと続ける事、つまり年季を入れること。「継続は力なり！」、漢語では"持之以恒 chí zhī yǐ héng"です。

　実は最初、私は「五つのき」つまり「暗記暗誦・言う気・勇気・根気・年季」と言っていました。ある日学生から「先生それにやる気をいれましょう！　先生の授業を受けるとすごくやる気が起きるから」と言われ、それからは「六つのき」「ひたむき（六き）」を掲げています。下向きで本ばかり見て読まずに、先生が読む際

は教科書を見、みなさんが読む時は前を向き、先生の口を見ながら、目の前に漢語の文があるようにして、できるだけ教科書から眼を離して暗誦するように「強制」"勉強 miǎnqiǎng"しました。お気づきになりましたか。日本語の「強」と漢語の"强 qiǎng"は、虫の上が「ム」と「口」と異なっています。

こうして学生たちの学習意欲に火がつき、やる気を起こしたら、先生は「左団扇」、しめたものです。学生自らどしどし学び始めます。

「ひたむき」にはある思い入れが込められております。私が中国の中学に入った1950年というのは、中華人民共和国誕生直後でした。中国の人々はみんな建国の意気に燃えて、今流行の"振兴中华 zhènxīng Zhōnghuá"「国の振興」のためにと寝食を忘れて必死で勉強しておりました。

朝起床してちょっと体操すると、みな教室に駆け込んで朝食まで勉強し、夜も夕食後ちょっと休憩すると、また教室に集まり勉強し、土曜日も日曜日も猛勉強するという状態で、先生が逆に「休め！ 休め！」という有様でした。それを見て私はとてもみんなを羨ましく思いました。彼らは「国の振興」のために勉強している、でも私の祖国日本は今、アメリカの占領下にあり、被害を与えた人々に戦後の後片づけもできていないととても恥ずかしく思いました。そして、もう二度とアジアの人々と戦争をしないために、私は頑張らなければならないのだと自分に言い聞かせて猛勉強をしました。

これが是非漢語をマスターしようと私をずっと励まし続けきた原動力だったと言えます。魯迅先生が書いた「故郷」の中に私の大好きな一句があります。"希望本是无所谓有，无所谓无的。这正如地上的路。地上本没有路，走的人多了，便成了路！"「希望というものはあると言えばあるし、ないと言えばない」。つまり希

望はあるけれども、それは人々が努力しないと実現しない、そして、自分が歩むこの道を歩む人は、最初のうちは多くないかも知れないが、徐々に人々が集まり、「みなによって踏み固められて道というものはできるのだ」と多くの人と共に努力するよう励ます言葉です。

また、関西外国語大学のキャンパスに初めて入った際にも、「ひたむき」への思いを強くしました。私は思わず「え？　これ外国語大学？　外大らしくない！」と言ってしまったのです。友人同士で日本語ばかりで話し、単語帳や単語カードで覚えている人も見かけないし、暗記暗誦している人も見かけなかったからでした。これでは外国語をマスターできないのでは？と感じました。今でもそう思っております。私の経験から断言しますが、漢語を１年間必死に学べば、２～３年学んできた人にもすぐに追いつく事ができます。

関西外国語大学創立六十五周年を記念して、キャンパスのど真ん中に石碑ができました。そこには「関西外大人行動憲章」が刻まれています。私はこの内容をとても感激して受け止めております。この行動憲章を授業中に紹介しただけでなく、卒業生にも紹介して「みなが母校を誇りに思い、これらを是非実行するよう」促し続けております。

「関西外大人行動憲章」は１．学びの研鑽　２．国際人としての自覚　３．国際貢献　４．人間力の涵養　５．地域参画　となっています。

まず、「学びの研鑽」ですが、「ふうーん」と言って学ぶのではなく、何故？　どうして？　本当に正しいの？　と疑問を持って学ぶこと、たとえ先生の話でも本当に正しいの？　何故？　どうして？　と考えて学ぶべきだと毎回説明して参りました。そうすれば授業

が面白くなるからです。大学に入るまでの日本の教育にはこれが欠けているのではといつも感じます。

　日本の大学では「カウンセラー方式」があり、「出席不良」「成績不良」の学生を呼び出し、個別指導をするという至れり尽くせりのサービスに少し驚きました。この個別指導で出席不良者たちが「授業が分からなくて面白くないから」を欠席の理由に挙げるのです。そこで中国で体験した「授業の受け方」、不明な点の「質問の仕方」を紹介しました。メモを回すのです。質問をすると「先生の話の腰を折る」し「みんなの授業時間を中断してしまう」という心配があるでしょうし、みんなの前で手を挙げて質問する勇気がないという人もいるでしょうが、大教室での講義でもメモに書いて前の人に回すと、先生もメモを見ながら質問に答えることができます。なにより「あなたの質問は実はみんなも聞きたいと思っている可能性が非常に高いので、先生が回答するとみんなも授業が面白くなるのよ。この方式を是非取るようにね」と推薦して参りました。実行しているかどうかは、定かではありませんが、中国ではこのやり方は大変有効でした。是非日本でも広まればいいのにと思っております。

　次に国際人としての自覚。「これは大変大事、今や小さな日本にのみこだわるのではなく、広い世界に飛び出して活躍する時代、常にグローバルな視野で考えるように」と学生たちに強調しております。中国流に言うと「国際主義精神を持つ」こと、これは私が中国で育った頃、毛沢東始めみなが繰り返し強調しており、「国際主義のない愛国主義は偏狭な、狭隘な民族主義に陥る！」と国民を教育し、私たち日本人を感動させておりました。世界第二の経済規模になった中国は、今こそ国際主義教育を強化すべきであると日頃から思っており、中国人留学生たちや中国の先生方にも

伝えています。学生たちには「これらを打ち出した本大学、母校に誇りを持て！」とも言ってきました。

　三つめは国際貢献。2011年は漢語を学んだり、教えたり、日中関係に関わってきた人々にとっては、とても大事な1年でした。辛亥革命100周年、中国共産党誕生90周年、日中戦争、正しくは日本が対中侵略戦争を開始してから80周年、真珠湾攻撃から70周年、そして翌年が日中国交正常化40周年でした。

　この年は色々な場で、「国際貢献というのは、別に改まって海外に行かなくとも、国際関係機関に入らなくとも、私たちの身近に、このキャンパス内にできる場が沢山あるのよ」「まず本学に来ている多くの留学生を一人でも多く、少なくとも『親日派』できれば『知日派』にすることが、大事な国際貢献ですよ」と説明しました。

　辛亥革命には日本に留学した多くの学生が貢献しています。

　まず、「戊戌政変」「変法自強」つまり清朝政府に「日本のように近代化を」と提案した康有為、梁啓超は、いずれも日本に留学して明治維新を学び、中国も維新を起こし近代化をしなければと思ったのです。結局は失敗して日本に亡命され、多くの心ある日本の方々に支えられました。多くの人々が、中国は色々な意味合いで日本にとって「大先生」であり、「多くの事を教えられた先生」として尊敬の眼差しで中国を見ていました。ですから、清朝末期になって欧米列強に足蹴にされ、鞭で叩かれ酷使されている姿を見た明治生まれの方々は、見るに忍びないという気持ちが沸き起こったそうです。

　私も日本に帰国後、多くの明治生まれの財界の方々に接して、このような気持ち・心が強い事をひしひしと身に滲みて感じました。日立造船の松原与三松社長、近鉄の社長で大阪商工会議所の佐伯会頭、住友金属の日向方斉社長など多くの方々が、「中国が一

日も早く近代化を実現し、強大な国になって欲しい」とおっしゃっておられ、私たちはいつも大変感動させられました。そして、自分の選んだこの道は間違っていなかった、私たち若者がその志を引き継がなくてはと決意を新たにしました。今中国が発展して世界第二の経済規模になった事を、諸先生方は草葉の陰で、さぞかし喜んでおられる事でしょう。

　明治維新も上からではなく、下から下級武士たちも立ち上がって実現したので、これを学んだのが孫文先生方でした。孫文先生も宮崎滔天や梅屋庄吉など多くの心ある日本の人々に支えられ、幾度となく日本に亡命し、日本で宋慶齢女史と結婚されたとか、梅屋庄吉のように全財産を中国の近代化に捧げた人も居られた事を学生たちに紹介し、「留学生を大事にすることも立派な国際貢献ですよ」と説明しました。日本では高校までほとんど近代史や世界史を学ばない事を残念に思います。彼らが大学入学まで近代史、世界史を知らないのは、彼らの責任ではありませんが、私は常々「大学生が近代史や世界史を知らない事は恥である」と強調しております。それは、彼らがその気になりさえすれば図書館にはうなるほど沢山の資料があり、いくらでも学ぶ事ができるからです。「賢者は歴史から学ぶ」を実行すべきでしょう。

　また、中国共産党の誕生も、日本に留学した学生と大いに関係があるのです。秋瑾さんも日本留学組です。彼女の写真は和服を着てまげを結った写真しかないほどです。最後は中国で共産党に入党し、革命活動を行い警察に殺害されました。杭州の美しい湖「西湖」の畔に秋瑾の碑が立っており、中国の方々から秋瑾に纏わるお話をうかがって、大変感動したことを覚えております。皆様も是非杭州の西湖へ行ってご覧ください。

　実は中国人が「共産党」「共産主義」などを知ったのは、日本で

の事だそうです。日本人がいち早くドイツ語を漢字に翻訳してマルクスの著書や「共産党宣言」などを出版しました。日本に来た中国人留学生たちがそれを学び、中国へ持ち帰り広めていったそうです。代表的な方お二人を挙げるとすれば、李大釗、廖仲愷を挙げることができます。

　もう一つこの際追加してご紹介したいのは、日本に亡命された梁啓超の息子さん梁思成ご夫妻の事です。このお二人は後に世界でも有名な建築家になられ、第二次世界大戦の際、欧米諸国に積極的に働きかけ、奈良と京都の歴史的な町並みは日本の貴重な遺産であるばかりでなく、世界の貴重な文化遺産であるから、絶対爆撃するなと説得して回られたそうです。お蔭でこの二都市が第二次世界大戦でも守られたのです。また、廖仲愷の息子さん廖承志先生は日中関係が極めて困難な中で、早稲田で鍛えたややべらんめえ調の日本語で日本人に中国人の心を伝え、また日本人の本当の心を中国の人々、特に党と政府の上層部に伝えられ、国交正常化に大きく貢献されました。

　「情けは人のためならず」と言いますが、人に情けをかける行為は、結局はわが身に帰ってくるのです。

　四つ目は人間力の涵養。私は最初の授業でよく「私たちは何のために学ぶのか」と問題提起をします。そして黒板に「大学生」と書き「ここに回答があります」と言います。「大学生」の「大」は「大いに」という意味、「大学」は「大いに学ぶ」。小中学教育や高校教育にはすべて大綱があり、年間どれだけをどのように教えるという枠がありますが、大学教育は「天井なし」、図書館にはうなるほどの書籍があり、シラバスを見ればどの教授は何の専門家かが分かるようになっております。しかも、関西外大の良い所は全ての教授の研究室はガラス張りで、教授が居られるかどう

か外から一目で分かるようになっております。新学舎に引っ越してきたばかりの頃、一部の先生がこのガラスにカーテンをしたり、紙を張ったりしましたら、学校側から、このガラス張りは「全ての学生が何時でも先生を訪ねて、学べるようにするためなのです」との説明があり、私は大変感動しました。そこで、学生にどんどん来るよう、どしどし諸先生を尋ねて勉強するように勧めました。実際多くの私の担当以外の学生が「漢語のことなら戸毛先生に！」と聞いたので、と言って訪ねて来ました。このような学生ほどしっかり学びたいのですから、大事にして教え、相談に乗り、今では多くの優秀な社会人に育っています。

そして、「大学生」の「生」とは、「生きぬくため」「生かす」という意味ですよ、知識を知識に終わらせることなく、それを自分の血肉として消化させ、人間力として発揮させることと説明しました。特にこの一句は大好評でした。

多くの先生方から「良い説明なので利用させてください」と言われましたので、私は「私の特許ではないので、是非ご利用ください」と申し上げて参りました。

最後に地域参画。関西外国語大学には外国語大学としては初めて、中国の「孔子学院」が設置されており、在学生のみならず、意欲的に枚方市民対象の諸活動を展開しており、漢語教育のみならず、中国の文化・歴史などを普及する活動を展開しております。

「孔子学院」と孔子の名が付いていますが、別に孔子思想の普及ではありません。ここでは枚方市民や枚方日中友好協会の皆様と一緒に様々な活動を行って参りました。

折りしも中国で所謂「反日活動」が繰り広げられていた9月28日は、日中共同声明を結んだ日でありました。40年前の国交正常化交渉の際、毛沢東主席は田中首相に「喧嘩は終わりましたか？

中国には"不打不成交 bù dǎ bù chéngjiāo"『喧嘩をしなければ、真の友人にはなれない』という諺があるのですよ」とおっしゃられました。まさにその時刻に、キャンパス内で枚方日中友好協会の皆様、日中両国の教員・学生、「孔子学院」で漢語学習をしている枚方市民が集い盛大なお祝いの行事を行ったことは嬉しい思い出の一つです。

　私は、日本こそ中国各地に「〜学院」「弘法学院」などを作り、日本語や日本文化、そして多くの日本人民の心・思いを広く中国の人々に紹介・普及する場を設け、もっともっと日本のこと、日本人を知ってもらいたい、特に戦後六十数年一貫として歩んできた平和建設の道、経済・文化・技術発展の道を紹介して欲しいと願っております。

あとがき

　この度18年間勤めた関西外国語大学を「卒業」するに当たり、大変光栄な事に「ベスト・ティチャー賞」を受賞致しました。

　この18年間は、毎日が本当に楽しく有意義に過ごすことができ、教師冥利、通訳冥利に尽きます。今後、日本はどんなことがあっても二度と絶対、中国やアジア及び世界の人々と戦争だけはしてはならない、させてはならない、その為に相互理解を深め、友好関係を築く事、これが私に与えられた使命であると思って行動して参りました。また仕事の中から沸いたもう一つの願いは、日本での「通訳・翻訳者」の地位向上でした。

　常々私は、21世紀とは「五きょう時代」つまりアジア及び世界の人々と「協力」「競争」「共創」「協調」「共生」する時代であると言ってきました。互いに「協力」「競争」し合い「共創」する過程では、必ずと言っていいほど風俗習慣、考え方、言語などの相違からトラブルがつきものであり、そこで外大出身のみなさんが大学で学んだ知識を生かして「協調」の役割を発揮し活躍し、「共生」WinWinを実現する時代なのだと学生諸君に言い続けて参りましたし、そのような精神を受け継いだ日中両国の青年が多く巣立っていったことを、私は大変誇りに感じております。

　このような機会をお与えくださった前大阪外国語大学学長で漢語の教授もなさった故伊地智善継先生、前関西外国語大学総長故谷本貞人先生はじめ多くの諸先生方に心から感謝申し上げて、本書をお贈りしたいと存じます。最後にこの度本書の出版に当たり、東方書店の皆様方に大変お世話になりありがとうございました。

中国語索引

アルファベット・数字

AA制 AAzhì	164
1 yāo	28
1 yī (yí, yì)	28
1打 yì dǎ	139
4 sì	28
7 qī	28
10 shí	28

A

挨打 āidǎ	67
挨拶 āizā	67
挨揍 āizòu	67
爱 ài	73
爱藏 ài cáng	74
爱唱歌 ài chàng gē	74
爱车 ài chē	74
爱称 àichēng	74
爱国 àiguó	74
爱国贼 àiguózéi	73
爱好 àihào	74
爱护 àihù	74
爱娇 ài jiāo	74
爱情 àiqíng	74
爱人 àirén	73, 76
爱玩 ài wán	74
案件 ànjiàn	69

B

八折 bā zhé	125
爸爸 bàba	76
霸道 bàdào	96
白发族 báifàzú	101
白开水 báikāishuǐ	96
白脸 báiliǎn	130
白皮书 báipíshū	132
白事 báishì	133
班机 bānjī	94
班轮 bānlún	94
绊 bàn	122
绊脚石 bànjiǎoshí	122
办事方便 bànshì fāngbiàn	91
包涵 bāohán	11
褒义 bāoyì	106
包子 bāozi	147
保养 bǎoyǎng	48
抱歉 bàoqiàn	12
杯 bēi	72
背 bēi, bèi	50
北方人口重 běifāngrén kǒuzhòng	52
背地乱说 bèidì luànshuō	51
背好 bèi hǎo	50
背后 bèihòu	51
背脊 bèijǐ	51
背课本 bèi kèběn	50
背叛 bèipàn	50
背诗 bèi shī	50
背月 bèiyuè	50
被整个社会唾弃 bèi zhěnggè shèhuì tuòqì	80
奔驰 Bēnchí	95
本科生 běnkēshēng	173
毕买族 bìmǎizú	102
避险基金 bìxiǎn jījīn	152
蝙蝠 biānfú	121
贬义 biǎnyì	106
便利店 biànlìdiàn	91
标点符号 biāodiǎn fúhào	32
表里一体 biǎolǐ yìtǐ	80
表示心意 biǎoshì xīnyì	169
别急 bié jí	84
别扭 bièniu	34
冰冻三尺非一日之寒 bīng dòng sān chǐ fēi yí rì zhī hán	76
饼 bǐng	147
秉性投合 bǐngxìng tóuhé	170
病毒 bìngdú	49
病院 bìngyuàn	20
不吃饭 bù chīfàn	28
不打不成交 bù dǎ bù chéngjiāo	195
不得已 bùdéyǐ	114
不懂装懂，永世饭桶 bù dǒng zhuāng dǒng, yǒngshì fàntǒng	53
不好意思 bù hǎoyìsi	11
布票 bùpiào	174

中国語索引　197

布托遇刺身亡 Bùtuō yù cì shēnwáng 128
部长 bùzhǎng 149

C

裁判 cáipàn 69
蚕豆 cándòu 89
操纵比赛 cāozòng bǐsài 68
曾 céng 29
柴胡 cháihú 87
肠胃病 chángwèibìng 49
场内请勿喧哗 chǎngnèi qǐng wù xuānhuá 58
车到山前必有路，路上必有丰田车 chē dào shānqián bì yǒu lù, lùshàng bì yǒu Fēngtiánchē 95
吃白眼 chī báiyǎn 46
吃败战 chī bàizhàn 46
吃饱了 chībǎole 29
吃饱了，谢谢 chībǎole, xièxie 162
吃闭门羹 chī bìménggēng 46
吃茶 chī chá 45
吃醋 chīcù 46
吃刀 chīdāo 46
吃得饱 chīde bǎo 37
吃耳光 chī ěrguāng 46
吃饭 chīfàn 39

吃工夫 chī gōngfu 45
吃官司 chī guānsi 46
吃馆子 chī guǎnzi 47
吃皇粮 chī huángliáng 46
吃回扣 chī huíkòu 46
吃货 chīhuò 46
吃忌讳 chī jìhui 46
吃惊 chījīng 46
吃劲儿 chījìnr 45
吃客 chīkè 45
吃苦头 chī kǔtou 46
吃亏 chīkuī 45
吃老本 chī lǎoběn 45
吃累 chīlèi 45
吃力 chīlì 45
吃零蛋 chī língdàn 47
吃零食 chī língshí 46
吃码头 chī mǎtou 46
吃闷亏 chī mènkuī 45
吃面 chī miàn 130
吃跑了 chīpǎole 29
吃青 chīqīng 46
吃请 chīqǐng 46
吃软不吃硬 chī ruǎn bù chī yìng 46
吃伤 chīshāng 46
吃水 chīshuǐ 45
吃罪 chīzuì 45
吃喜酒 chī xǐjiǔ 45
吃香 chīxiāng 45
吃心 chīxīn 46
吃鸭蛋 chī yādàn 46
吃药 chī yào 45

吃一堑，长一智 chī yí qiàn, zhǎng yì zhì 47
吃赃 chīzāng 47
吃重 chīzhòng 45
持家有道 chíjiā yǒudào 116
持之以恒 chí zhī yǐ héng 187
驰走 chízǒu 162
尺 chǐ 123
赤裸 chìluǒ 132
赤裸裸 chìluǒluǒ 132
冲击 chōngjī 106
重犯 chóngfàn (zhòngfàn とも) 53
仇 chóu（人名 Qiú）29
臭虫 chòuchóng 88
出口 chūkǒu 62
出于污泥而不染 chū yú wūní ér bù rǎn 176
初中 chūzhōng 173
出租汽车 chūzūqìchē 90
床 chuáng 36
床单 chuángdān 54, 84
刺激积极性 cìji jījíxìng 137
篡改 cuàngǎi 117
窜改 cuàngǎi 117

D

达成协议 dáchéng xiéyì 61
打 dǎ 139

打包 dǎbāo	139
打车 dǎchē	90, 139
打出 dǎchū	139
打的 dǎdī	90, 139
打电话 dǎ diànhuà	139
打动 dǎdòng	139
打发 dǎfā	139
打发时间 dǎfā shíjiān	139
打翻 dǎfān	139
打榧子 dǎ fěizi	139
打扮 dǎfèn	139
打工 dǎgōng	139
打官司 dǎ guānsi	46
打黑 dǎhēi	136
打架 dǎjià	139
打开 dǎkāi	139
打门 dǎ mén	139
打球 dǎ qiú	139
打扰你一下 dǎrǎo nǐ yíxià	12
打人 dǎ rén	139
打算 dǎsuàn	139
打天下 dǎ tiānxià	139
打听 dǎtīng	139
打砸抢烧 dǎ zá qiǎng shāo	73
打造 dǎzào	139
打仗 dǎzhàng	139
打桌椅 dǎ zhuōyǐ	139
大 dà	173
大得多 dàde duō	37
大几岁 dà jǐ suì	173
大家在 Dàjiā zài	104
大米 dàmǐ	89
待 dài	110
大夫 dàifu	48
单 dān (人名 Shàn)	29, 54
单子 dānzi	54
当务之急 dāng wù zhī jí	84
倒车 dǎochē	158
倒箱 dǎoxiāng	62
到 dào	124
到处都碰到热心的人 dàochù dōu pèngdào rèxīn de rén	110
到福 dàofú	121
倒福 dàofú	121
大丈夫 dàzhàngfu	71
大众车 Dàzhòngchē	95
得到了迅速的发展 dédàole xùnsù de fāzhǎn	107
得其意，忘其形 dé qí yì, wàng qí xíng	4, 60, 116, 122, 144
得意忘形 dé yì wàng xíng	5
得体 détǐ	83
得 de	37
的 de	39
得看 děikàn	43
得学 děixué	42
等 děng	110
等死了 děngsǐ le	44
地板 dìbǎn	36
点火 diǎnhuǒ	137
点钟 diǎnzhōng	125
电视机 diànshìjī	151
订单 dìngdān	54
东北亚 dōngběiyà	140
东道国 dōngdàoguó	141
东方压倒西方 dōngfāng yādǎo xīfāng	140
东海 Dōnghǎi	140
东家 dōngjiā	141
东南西北 dōng nán xī běi	140
东西 dōngxi	30
东西沉 dōngxi chén	52
董事 dǒngshì	149
董事会 dǒngshìhuì	149
董事长 dǒngshìzhǎng	149
动手术 dòng shǒushù	48
动车 dòngchē	90
都走都走 dōu zǒu dōu zǒu	165
豆沙包 dòushābāo	147
对 duì	40
对不起 duìbuqǐ	11
对冲基金 duìchōng jījīn	152
对的 duìde	40
对内贸易 duìnèi màoyì	62

中国語索引

对外贸易
　　duìwài màoyì　62
多少钱 duōshao qián
　　　　　　　　97
多么多么
　　duōme duōme　165

E

恶心 ěxīn　　　　48
饿死了 èsǐ le　　44
耳朵有些背
　　ěrduo yǒuxiē bèi 50
二手车 èrshǒuchē 160

F

发白 fābái　　　135
发火 fāhuǒ　　　137
发票 fāpiào　　　62
发热 fārè　　　　49
发烧 fāshāo　　　49
发紫 fāzǐ　　　　135
法庭 fǎtíng　　　69
法院 fǎyuàn　　　69
翻版 fānbǎn　　　117
翻胃 fānwèi　　　48
翻译心得
　　fānyì xīndé　115
烦死了 fánsǐ le　44
反胃 fǎnwèi　　　48
饭在这里
　　fàn zài zhèlǐ　21
方便 fāngbiàn　　91
房东 fángdōng　　141
放火 fànghuǒ　　137
放课 fàngkè　　　173

放学 fàngxué　　173
放在这里
　　fàngzài zhèlǐ　21
非常抱歉
　　fēicháng bàoqiàn 12
飞单 fēidān　　　54
分 fēn　　　　　126
分号 fēnhào　　　34
分红 fēnhóng　　132
分钟 fēnzhōng　　126
粉底霜 fěndǐshuāng
　　　　　　　　151
愤青 fènqīng　　180
福 fú　　　　　　121
幅员辽阔
　　fúyuán liáokuò　119
妇产科 fùchǎnkē　49
妇女的权益
　　fùnǚ de quányì　118
夫妻齐心协力
　　fūqī qíxīn xiélì　80

G

干杯 gānbēi　　　172
感冒 gǎnmào　　　48
感叹号 gǎntànhào 35
感谢大家热心的帮助
　　gǎnxiè dàjiā rèxīn
　　de bāngzhù　　110
高等学校
　　gāoděng xuéxiào 173
高铁 gāotiě　　　90
高校 gāoxiào　　173
高校生 gāoxiàoshēng
　　　　　　　　173

高兴 gāoxìng　　　73
高中 gāozhōng　　173
告辞 gàocí　　　　78
告辞了 gàocíle　163
告诉 gàosu　　　　78
给民族主义者下最后
　　通牒 gěi mínzúzhǔyì-
　　zhě xià zuìhòu
　　tōngdié　　　118
给我 gěi wǒ　　　97
公尺 gōngchǐ　　123
公公 gōnggong　　76
公斤 gōngjīn　　123
工人的权益 gōngrén
　　de quányì　　118
公司 gōngsī　　　169
工业产能开始显著释
　　放 gōngyè chǎnnéng
　　kāishǐ xiǎnzhù
　　shìfàng　　　115
工作 gōngzuò　　66
工作人员
　　gōngzuò rényuán 66
工作员 gōngzuòyuán
　　　　　　　　96
狗急跳墙
　　gǒu jí tiào qiáng 183
姑娘 gūniang　　　76
挂电话 guà diànhuà
　　　　　　　　139
挂钟 guàzhōng　167
怪我 guài wǒ　　95
关灯 guān dēng　82
关电 guān diàn　82

官方和民間要齐心协
　力 guānfāng hé
　mínjiān yào qíxīn
　xiélì　　　　　　80
官民一体
　guānmín yìtǐ　　80
关西 guānxī　　　 30
关系 guānxi　　　 30
关西外大行动准则
　Guānxīwàidà
　xíngdòng zhǔnzé 118
关于合同内容 guānyú
　hétong nèiróng　64
关于你提起的那件事
　guānyú nǐ tíqǐ de nà
　jiàn shì　　　　 19
关于上次的协议
　guānyú shàngcì de
　xiéyì　　　　　 64
光 guāng　　　　144
光盘 guāngpán　　145
股东 gǔdōng　　 141
股东大会
　gǔdōng dàhuì　141
固定死了 gùdìngsǐ le
　　　　　　　　 44
龟儿子 guī'érzi　 168
规律 guīlǜ　　　　69
龟孙子 guīsūnzi　168
贵合同已收悉 guìhé-
　tong yǐ shōuxī　64
国际互联网
　guójì hùliánwǎng 152

国际联网
　guójì liánwǎng　152
过敏 guòmǐn　　　49
过意不去 guòyì bú qù
　　　　　　　　 11

H
还 hái　　　　　　28
海归 hǎiguī　　　168
海龟 hǎiguī　　　168
寒战 hánzhàn　　　48
好 hǎo　　　　 40, 73
好的 hǎode　　　　40
好得很 hǎode hěn　37
喝 hē　　　　　　 74
合同 hétong　　　 64
合同办好了
　hétong bànhǎole　64
贺 hè　　　　　　162
黑社会 hēishèhuì　136
很多 hěnduō　　　154
红包 hóngbāo　　 132
红灯 hóngdēng　　131
红贵族 hóngguìzú 101
红脸 hóngliǎn　　130
红娘 hóngniáng　 132
红牌 hóngpái　　 132
红皮书 hóngpíshū 132
红人 hóngrén　　 132
红色 hóngsè　　　132
红事 hóngshì　　 132
红颜 hóngyán　　 130
红眼病了
　hóngyǎnbìng le　133

猴子聪明
　hóuzi cōngmíng　40
猴子是聪明的 hóuzi
　shì cōngmíng de　40
后背 hòubèi　　　 51
后天是什么日子
　hòutiān shì shénme
　rìzi　　　　　　 15
胡萝卜 húluóbo　　86
互联网 hùliánwǎng
　　　　　　　　152
护士 hùshì　　　　48
花白 huābái　　　142
花边 huābiān　　 142
花布 huābù　　　142
花不起 huābùqǐ　 142
花菜 huācài　　　142
花茶 huāchá　　　142
花车 huāchē　　　142
花城 huāchéng　　142
花池子 huāchízi　142
花旦 huādàn　　　142
花灯 huādēng　　 142
花费 huāfei　　　 142
花费金钱
　huāfèi jīnqián　 142
花费时间
　huāfèi shíjiān　 142
花费心血
　huāfèi xīnxuè　 142
花光了
　huāguāng le　　144
花很大 huā hěn dà 39
花生 huāshēng　　88

| 花生米 huāshengmǐ 89
| 花眼 huāyǎn 143
| 花眼镜 huāyǎnjìng 143
| 花样滑冰
  huāyàng huábīng 142
| 花泳 huāyǒng 142
| 滑雪 huáxuě 36
| 话不投机半句多 huà
  bù tóujī bànjù duō 170
| 欢迎光临 huānyíng
  guānglín 114
| 欢迎您来 huānyíng
  nín lái 114
| 欢迎您莅临 huānyíng
  nín lìlín 114
| 欢迎您再来日本
  huānyíng nín zài lái
  Rìběn 79
| 欢迎您再去日本
  huānyíng nín zài qù
  Rìběn 79
| 还 huán 28
| 缓和金融政策、经济
  增长战略双管齐下
  huǎnhé jīnróng
  zhèngcè, jīngjì
  zēngzhǎng zhànlüè
  shuāngguǎn qíxià 80
| 黄芩 huángqín 87
| (黄)皇王不分
  (huáng) huáng
  wáng bù fēn 154
| 恢复 huīfù 116

恢复邦交
  huīfù bāngjiāo 116
恢复体力 huīfù tǐlì 116
回复 huífù 116
回来了 huíláile 162
会 huì 112
会面 huìmiàn 49
浑然一体 hùnrán yìtǐ
  80
活到老，学到老
  huódào lǎo, xuédào
  lǎo 43
火 huǒ 137
火车 huǒchē 90, 138
火了 huǒ le 138
火性 huǒxìng 138
火性大发
  huǒxìng dàfā 138
火眼 huǒyǎn 138
火眼金睛
  huǒ yǎn jīn jing 138
火躁 huǒ zào 138
火针 huǒzhēn 138
火纸 huǒzhǐ 138
火主 huǒzhǔ 138
火砖 huǒzhuān 138
和面 huò miàn 130
祸首 huòshǒu 55

J

急 jí 84
急便 jíbiàn 85, 161
急了 jíle 84
急流 jíliú 85

急人之所急
  jí rén zhī suǒjí 84
急事 jíshì 85
急死了 jísǐ le 44
急死我了 jísǐ wǒ le 44
集思广益，寻求破局
  之道 jísī guǎngyì,
  xúnqiú pòjú zhī dào
  69
急性子 jíxìngzi 84
脊背 jǐbèi 51
系 jì 122
系好安全带 jìhǎo
  ānquándài 122
系结纽带
  jìjié niǔdài 122
纪律 jìlǜ 69
计算机联网 jìsuànjī
  liánwǎng 152
加强纽带
  jiāqiáng niǔdài 122
煎饼 jiānbǐng 147
检查 jiǎnchá 60
简明扼要
  jiǎnmíng èyào 4, 6
检讨 jiǎntǎo 59
检验 jiǎnyàn 60
见 jiàn 36
见面 jiànmiàn 36
姜是老的辣, 人老阅
  历多 jiāng shì lǎo de
  là, rén lǎo yuèlì duō
  168
酱汤 jiàngtāng 96

交通运输都很方便
　jiāotōng yùnshū dōu
　hěn fāngbiàn 91
脚 jiǎo 51
脚步沉重
　jiǎobù chénzhòng 51
脚气 jiǎoqì 117
觉 jiào 38
教材 jiàocái 27
叫花子 jiàohuāzi 142
教科书 jiàokēshū 27
教师 jiàoshī 27
教室 jiàoshì 27
结实 jiēshi 71
接收 jiēshōu 64
接受 jiēshòu 64
接受合同
　jiēshòu hétong 63
结婚 jiéhūn 36
结绳 jiéshéng 72
借光 jièguāng 12
借过 jièguò 12
介绍 jièshào 49
斤 jīn 123
今天是什么日子
　jīntiān shì shénme
　rìzi 15
今天十点钟去拜访
　jīntiān shídiǎnzhōng
　qù bàifǎng 67
今天他开车要开一天
　车 jīntiān tā kāichē
　yào kāi yìtiān chē 38

今天我吃午饭吃得饱
　jīntiān wǒ chī wǔfàn
　chīde bǎo 37
今天我开车要开一天
　jīntiān wǒ kāichē yào
　kāi yìtiān 38
今天由刘医生来看病
　jīntiān yóu Liú
　yīshēng lái kàn bìng
　 48
进口 jìnkǒu 62
精彩 jīngcǎi 130
经理 jīnglǐ 149
精神病院
　jīngshén bìngyuàn 20
纠察队 jiūcháduì 181
究竟你想什么 jiūjìng
　nǐ xiǎng shénme 80
究竟你想怎么办
　jiūjìng nǐ xiǎng
　zěnme bàn 80
酒精 jiǔjīng 49
裾 jū 83
拘束 jūshù 69
觉得 juéde 42, 112
举办 jǔbàn 109
举动 jǔdòng 109
举行 jǔxíng 109
举止可疑 jǔzhǐ kěyí
　 109
居住在工作地点
　jūzhù zài gōngzuò
　dìdiǎn 80

K

卡拉 OK kǎlāOK 151
卡通 kǎtōng 151
开车 kāichē 39
开刀 kāidāo 48
开的花 kāi de huā 39
开灯 kāi dēng 82
开发票 kāi fāpiào 62
开花 kāihuā 39
开水 kāishuǐ 96
看杯 kànbēi 172
看病 kàn bìng 47
看了您回复，我心理
　也释然了许多 kànle
　nín huífù, wǒ xīnlǐ yě
　shìránle xǔduō 116
可 kě 111
可爱 kě'ài 111
可不可以 kě bù kěyǐ
　 114
可以 kěyǐ 112
啃老族 kěnlǎozú 102
肯尼迪遇刺身亡
　Kěnnídí yù cì
　shēnwáng 128
恳请 kěnqǐng 114
空巢 kōngcháo 99
口若悬河
　kǒu ruò xuán hé 107
口吃 kǒuchī 45
口味儿 kǒuwèir 146
口重 kǒuzhòng 52
酷哥 kùgē 150
快 kuài 157

会计 kuàijì	149	
快乐 kuàilè	29	
困死了 kùnsǐ le	44	

L
会计 kuàijì 149
快乐 kuàilè 29
困死了 kùnsǐ le 44

劳驾 láojià 12
老 lǎo 121
老伴儿 lǎobànr 76
老大娘 lǎodàniáng 76
老公 lǎogōng 76
老虎 lǎohǔ 121
老花镜 lǎohuājìng 143
姥姥 lǎolao 76
老婆 lǎopo 75
老鼠 lǎoshǔ 121
老鼠族 lǎoshǔzú 100
老头儿 lǎotóur 76
老外 lǎowài 18, 39
老一套 lǎoyítào 120
乐活族 lèhuózú 101
乐酷天 Lèkùtiān 151
乐了 lèle 29
乐意 lèyì 29
累 lěi 27
累 lèi 27
累死了 lèisǐ le 43, 44
冷死了 lěngsǐ le 44
李是木子李
　lǐ shì mù zǐ lǐ 55
荔枝节 lìzhījié 182
联合国宪章
　liánhéguó xiànzhāng
　　　　　　　　118
莲子 liánzǐ 176

连子 liánzǐ 176
脸色苍白
　liǎnsè cāngbái 130
量词 liàngcí 72
林是双木林 lín shì
　shuāng mù lín 55
刘是文刂刘 liú shì
　wén dāo liú 55
龙虎斗 lónghǔdòu 127
路不拾遗 lù bù shíyí
　　　　　　　　99
吕是双口吕 lǚ shì
　shuāng kǒu lǚ 55
绿灯 lǜdēng 135
绿树 lǜshù 135
绿叶 lǜyè 135

M
麻烦你 máfan nǐ 11
麻烦死了 máfansǐ le
　　　　　　　　44
马马虎虎
　mǎmahūhū 120
吗 ma 35
埋单 máidān 54
买的方法
　mǎi de fāngfǎ 62
买方 mǎifāng 62
买卖 mǎimài 63
卖的方法
　mài de fāngfǎ 62
卖得可火了
　màide kěhuǒle 138
卖方 màifāng 62

馒头 mántou 147
慢待 màndài 162
猫儿腻 māornì 68
毛豆 máodòu 89
毛衣 máoyī 84
毛是毛主席的毛 máo
　shì Máo zhǔxí de
　máo 55
冒充会 màochōnghuì
　　　　　　　　172
贸促会 màocùhuì 172
冒号 màohào 34
贸易 màoyì 62
没办法 méibànfǎ 114
没吃饭 méi chīfàn 28
没味道 méi wèidào
　　　　　　　　145
没味儿 méi wèir 145
没问题 méi wèntí 91
没意思 méi yìsi 129
没滋味儿 méi zīwèir
　　　　　　　　146
没有意思 méiyǒu yìsi
　　　　　　　　129
美国 měiguó 89
美女 měinǚ 77
迷你裙 mínǐqún 84
米 mǐ 89
勉强 miǎnqiǎng 188
面 miàn 36, 130
面白 miànbái 130
面包 miànbāo 130
面馆 miànguǎn 130
面条 miàntiáo 130

妙 miào 130
明天是什么日子
 míngtiān shì shénme
 rìzi 15

N
那 nà 72
那么 nàme 163
那么再见
 nàme zàijiàn 163
奶奶 nǎinai 76
南方人口轻
 nánfāngrén kǒuqīng 52
闹钟 nàozhōng 167
呢 ne 35
内贸 nèimào 62
能 néng 112
能说不 néng shuō bù 112
你爱我 nǐ ài wǒ 73
你吃饭了吗
 nǐ chī fàn le ma 67
你懂这个意思吗 nǐ
 dǒng zhège yìsi ma 129
你觉得口味儿怎么样
 nǐ juéde kǒuwèir
 zěnmeyàng 146
你好 nǐhǎo 11, 73, 163
你去，我也去
 nǐ qù, wǒ yě qù 33
你是不是三年级（学生）nǐ shìbúshì sān niánjí(xuésheng) 41

你是不是田中 nǐ
 shìbúshì Tiánzhōng 41
你是几年级（学生）
 nǐ shì jǐ niánjí
 (xuésheng) 41
你是日本人吗
 nǐ shì Rìběnrén ma 33
你是田中吗 nǐ shì
 Tiánzhōng ma 41
年老眼花
 niánlǎo yǎnhuā 143
娘 niáng 76
您方便不方便
 nín fāngbiàn bù
 fāngbiàn 91
您好吗 nín hǎo ma 163
纽带 niǔdài 122

P
派对 pàiduì 151
盘 pán 145
跑 pǎo 79
赔个不是
 péi ge bú shì 12
赔个礼 péi ge lǐ 12
赔礼道歉
 péilǐ dàoqiàn 12
配载图 pèizāitú 62
朋友 péngyou 111
便宜 piányi 93
拼写 pīnxiě 22
品质 pǐnzhì 63
破局 pòjú 69
破门 pòmén 68

破伤风 pòshāngfēng 48
破折号 pòzhéhào 35
普通话 pǔtōnghuà 155

Q
妻管严 qīguǎnyán 71
七折 qī zhé 125
妻子 qīzi 30
起床 qǐchuáng 36
起火 qǐhuǒ 137
汽车 qìchē 90
气管炎 qìguǎnyán 71
气死我了 qìsǐ wǒ le 44
汽油 qìyóu 90
千里送鹅毛，礼轻人
 意重 qiānlǐ sòng
 émáo, lǐ qīng rényì
 zhòng 169
千年鹤，万年龟
 qiānnián hè, wànnián
 guī 168
钱花光了 qián
 huāguāng le 144
前事不忘，后事之师
 qiánshì bú wàng,
 hòushì zhī shī 14
前秃光明 qiántū
 guāngmíng 158
前途光明 qiántú
 guāngmíng 158
亲密的朋友 qīnmì de
 péngyou 111
亲朋好友
 qīnpéng hǎoyǒu 111

中国語索引 205

亲切 qīnqiè	111	
亲人 qīnrén	111	
亲友 qīnyǒu	111	
秦艽 qínjiāo	86	
勤俭持家 qínjiǎn chíjiā	116	
青出于蓝，胜于蓝 qīng chū yú lán, shèng yú lán	135	
青椒 qīngjiāo	86	
青一色 qīngyísè	135	
情报 qíngbào	65	
请吃吧 qǐng chī ba	162	
请等一下 qǐng děng yíxià	110	
请多提供方便（条件）qǐng duō tígōng fāngbiàn (tiáojiàn)	93	
请多多包涵 qǐng duōduō bāohán	11	
请检讨 qǐng jiǎntǎo	59	
请留步 qǐng liúbù	163	
请慢走 qǐng mànzǒu	162	
请便宜一点 qǐng piányi yìdiǎn	93	
请让一下 qǐng ràng yíxià	12	
请稍等 qǐng shāo děng	110	
请原谅 qǐng yuánliàng	12	
请允许我 qǐng yǔnxǔ wǒ	12	
请问 qǐngwèn	11	
秋瑾 Qiū Jǐn	54	
仇 Qiú	29, 54	
求刑 qiúxíng	69	
瞿麦 qúmài	122	
去 qù	79	
去看病 qù kàn bìng	47	
去看医生 qù kàn yīshēng	47	
全家人同心协力 quánjiārén tóngxīn xiélì	80	
全秃更光明 quán tū gèng guāngmíng	158	
权益 quányì	118	
裙子 qúnzi	84	

R

让一让 ràngyíràng	12
热情 rèqíng	111
热死了 rèsǐ le	44
热心 rèxīn	110
人九 rénjiǔ	54
人民生活祥和，持家有道 rénmín shēnghuó xiánghé, chíjiā yǒudào	116
人参 rénshēn	86
认为 rènwéi	42, 112
日本 Rìběn	155
日本能说不 Rìběn néng shuō bù	112
融为一体 róngwéi yìtǐ	80
肉包子 ròubāozi	147

S

撒油拿蜡 sǎ yóu ná là	165
三成 sān chéng	125
三得利 Sāndélì	95
三刻 sānkè	125
三十四年 sānshísì nián	126
三四年 sān sì nián	126
三位一体 sānwèiyìtǐ	80
山东的山 Shāndōng de shān	56
煽风点火 shān fēng diǎn huǒ	137
山水的山 shānshuǐ de shān	56
山西的山 Shānxī de shān	56
陕西 Shǎnxī	56
单 Shàn	29
伤风 shāngfēng	48
商检 shāngjiǎn	60
商品检验 shāngpǐn jiǎnyàn	60
上火 shànghuǒ	138
上课 shàngkè	18, 173
上流 shàngliú	85
上午好 shàngwǔ hǎo	163
上学 shàngxué	173
上游 shàngyóu	85

烧饼 shāobǐng 46
烧光、抢光、杀光
　shāoguāng、qiǎngguāng、
　shāguāng 145
深化改革
　shēnhuà gǎigé 30
深刻 shēnkè 109
深谋远虑
　shēn móu yuǎn lǜ 170
深思远虑
　shēn sī yuǎn lǜ 170
什么 shénme 35
沈 shěn 51
审判 shěnpàn 69
生气 shēngqì 137
生鱼片 shēngyúpiàn 127
绳 shéng 72
省略号 shěnglüèhào 35
剩男 shèngnán 177
剩女 shèngnǚ 177
失火 shīhuǒ 137
失脚 shījiǎo 5
时装秀 shízhuāng xiù 150
是不是 shì bú shì 114
是的 shìde 40
释放 shìfàng 115
释放出芳香 shìfàngchū fāngxiāng 115
释放出巨大的能量
　shìfàngchū jùdà de
　néngliàng 115
是非 shìfēi 114

是否 shìfǒu 115
释怀 shìhuái 116
释然 shìrán 116
事物是发展的，是不会简单地重复的
　shìwù shì fāzhǎn de,
　shì bú huì jiǎndānde
　chóngfù de 40
收音机 shōuyīnjī 151
手表 shǒubiǎo 167
手头不方便 shǒutóu
　bù fāngbiàn 91
手头吃紧
　shǒutóu chījǐn 46
书 shū 64
蔬菜 shūcài 88
树矮 shù ǎi 173
树高 shù gāo 173
帅哥 shuàigē 150
睡 shuì 38
谁 shuí (shéi) 35
谁都有吗
　shuí dōu yǒu ma 35
睡得 shuìde 42
睡觉 shuìjiào 36
说得快
　shuōde kuài 37
说话轻率 shuōhuà
　qīngshuài 52
死不改 sǐ bù gǎi 44
死板 sǐbǎn 44
死鬼 sǐguǐ 44
死胡同 sǐhútòng 44
死家伙 sǐjiāhuo 44

四成 sì chéng 125
四万亿元
　sìwànyì yuán 124
送钟 sòngzhōng 167
送终 sòngzhōng 167
随意 suíyì 172

T

他待人热情
　tā dài rén rèqíng 110
他得了一本书
　tā déle yì běn shū 42
他非要去
　tā fēi yào qù 115
他滑雪滑得快
　tā huáxuě huáde
　kuài 37
他骂人了
　tā mà rén le 120
他是个勇敢、健康的孩子 tā shì gè
　yǒnggǎn, jiànkāng
　de háizi 32
他是谁呢
　tā shì shuí ne 35
他提起了这个问题 tā
　tíqǐle zhège wèntí 19
他们骂我们ばか tāmen
　mà wǒmen BAKA 156
他们什么都要吗
　tāmen shénme dōu
　yào ma 35
太花 tài huā 142
贪便宜 tān piányi 93

中国語索引　207

贪图便宜	王八蛋	我给你 wǒ gěi nǐ 165
tāntú piányi 93	wángbadàn 120	我跟他见过一次面
探访 tànfǎng 48	网 wǎng 153	wǒ gēn tā jiànguo
探视病人	网购 wǎnggòu 161	yí cì miàn 37
tànshì bìngrén 48	伟大 wěidà 27	我哈腰 wǒ hā yāo 165
套利基金	味 wèi 145	我还要 wǒ hái yào 166
tàolì jījīn 152	胃大 wèidà 27	我好 wǒhǎo 163
套头基金	味道 wèidào 145	我滑雪滑了一个小时
tàotóu jījīn 152	未富先老	wǒ huáxuě huále
提出 tíchū 19	wèi fù xiān lǎo 101	yí ge xiǎoshí 38
提交 tíjiāo 19	味儿 wèir 145	我回来了
提起 tíqǐ 19	问 wèn 19	wǒ huíláile 162
条 tiáo 72	问号 wènhào 34	我教汉语
听 tīng 19, 72	问题 wèntí 19	wǒ jiāo Hànyǔ 27
同功一体	我爱你 wǒ ài nǐ 73	我教你唱歌
tónggōng yìtǐ 80	我得奖了	wǒ jiāo nǐ chàng gē
头沉 tóuchén 52	wǒ dé jiǎng le 42	27
头昏眼花	我的 wǒ de 40	我就来 wǒ jiù lái 79
tóuhūn yǎnhuā 143	我饿了 wǒ è le 53	我就去 wǒ jiù qù 79
头重脚轻 tóu zhòng	我反问了他	我觉得不快
jiǎo qīng 52	wǒ fǎnwènle tā 21	wǒ juéde bú kuài 158
图便宜 tú piányi 93	我访问了他	我每天早上喝牛奶、
腿 tuǐ 51	wǒ fǎngwènle tā 21	吃面包 wǒ měitiān
腿肚子 tuǐdùzi 51	我方已收到了贵方的	zǎoshang hē niúnǎi,
脱苦海 Tuōkǔhǎi 151	合同 wǒfāng yǐ	chī miànbāo 32
脱胎换骨	shōudàole guìfāng	我去方便一下 wǒ qù
tuō tāi huàn gǔ 117	de hétong 63	fāngbiàn yíxià 91
	我分了 wǒ fēnle 21	我认为这是正确的
W	我疯了 wǒ fēngle 21	wǒ rènwéi zhè shì
外公 wàigōng 76	我给那家伙下了最后	zhèngquè de 42
外贸 wàimào 62	通牒 wǒ gěi nàjiāhou	我是日本人
晚安 wǎn'ān 163	xiàle zuìhòu tōngdié	wǒ shì Rìběnrén 33
晚上好	118	我是三年级
wǎnshang hǎo 163		wǒ shì sān niánjí 41

我是三年级学生
　wǒ shì sān niánjí
　xuésheng　　　41
我是山田
　wǒ shì Shāntián　40
我姓山田
　wǒ xìng Shāntián 41
我要 wǒ yào　　　97
我要白汤
　wǒ yào báitāng　96
我也是日本人 wǒ yě
　shì Rìběnrén　　34
我在学校吃食堂 wǒ zài
　xuéxiào chī shítáng 47
我张本人去 wǒ Zhāng
　běnrén qù　　　55
我质问你
　wǒ zhìwèn nǐ　　19
我走了 wǒ zǒule　162
乌龟 wūguī　　　168
五六岁 wǔ liù suì 126
五十六岁
　wǔshíliù suì　　126
务必 wùbì　　　114

X

喜不喜欢
　xǐ bù xǐhuan　　114
喜欢 xǐhuan　　　73
喜欢唱的歌
　xǐhuan chàng de gē 74
喜欢的车
　xǐhuan de chē　　74
喜欢的玩具
　xǐhuan de wánjù 74

系 xi　　　　　122
下雨 xià yǔ　　173
下车 xiàchē　　157
下课 xiàkè　　　173
下流 xiàliú　　　85
下台 xiàtái　　　　5
下午好 xiàwǔ hǎo 163
下舞台 xià wǔtái　5
下游 xiàyóu　　　85
现今美国又有了新举
　动 xiànjīn Měiguó
　yòu yǒule xīn
　jǔdòng　　　　109
现在我们谈谈支付问
　题 xiànzài wǒmen
　tántan zhīfù wèntí 19
宪章 xiànzhāng　118
限制 xiànzhì　　　49
想 xiǎng　　42, 112
想去 xiǎngqù　　 42
向儿子郑重宣告说：
　今年再让你补习最
　后一年 xiàng érzi
　zhèngzhòng xuāngào
　shuō: jīnnián zài ràng
　nǐ bǔxí zuìhòu yìnián
　　　　　　　　119
小 xiǎo　　121, 173
小几岁 xiǎo jǐ suì 173
小姐 xiǎojiě　　　76
小老虎 xiǎolǎohǔ 121
小老鼠 xiǎolǎoshǔ121
小米 xiǎomǐ　　　89

小心落车
　xiǎoxīn luòchē　158
小意思 xiǎoyìsi　169
笑语喧哗
　xiàoyǔ xuānhuá　58
些 xiē　　　　　　72
歇后语 xiēhòuyǔ 186
协议 xiéyì　　　　64
谢绝探视
　xièjué tànshì　　48
谢谢 xièxie　 122, 162
心得 xīndé　　5, 115
心里美 xīnlǐměi　89
新三年，旧三年，缝
　缝补补再三年 xīn sān
　nián, jiù sānnián, féng-
　féngbǔbǔ zài sānnián
　　　　　　　　174
信口开河
　xìn kǒu kāi hé　107
信息 xìnxī　　　　66
信息产业
　xìnxī chǎnyè　　66
信息灵通
　xìnxī língtōng　　66
行迹可疑 xíngjì kěyí
　　　　　　　　109
性急 xìngjí　　　84
秀 xiù　　　　　151
袖长 xiùcháng　　83
虚拟比赛 xūnǐ bǐsài 68
喧哗 xuānhuá　　58
学习心得
　xuéxí xīndé　　115

学校的 xuéxiào de 40

Y

牙科病院
　yákē bìngyuàn 20
烟 yān 27
烟花 yānhuā 142
盐 yán 27
颜色 yánsè 130
严重 yánzhòng 108
眼红了 yǎnhóng le 133
眼花了 yǎnhuā le 143
眼花缭乱
　yǎn huā liáo luàn 143
养病 yǎngbìng 48
养伤 yǎngshāng 48
要解决剩下的课题
　——即与税制改革
　同时进行改革的课题
　yào jiějué shèngxià
　de kètí jí yǔ shuìzhì
　gǎigé tóngshí jìnxíng
　gǎigé de kètí 80
要急用 yào jíyòng 85
要什么汤
　yào shénme tāng 96
要我们检讨
　yào wǒmen jiǎntǎo 59
爷爷 yéye 76
也 yě 33
野菜 yěcài 88
夜不闭户 yè bú bì hù
　　　　　　　 99
衣料 yīliào 83
医生 yīshēng 47

一定 yídìng 114
一件大事
　yíjiàn dàshì 106
一刻 yíkè 125
一片蓝 yípiànlán 135
以史为鉴
　yǐ shǐ wéi jiàn 14
蚁族 yǐzú 100
驿 yì 160
疫苗 yìmiáo 49
意气投合 yìqì tóuhé
　　　　　　　170
意思 yìsi 129
一体 yìtǐ 80
意味深长
　yìwèi shēncháng 145
抑扬顿挫 yìyáng
　dùncuò 113, 186
意志 yìzhì 129
音 yīn 22
因特网 yīntèwǎng 152
音乐 yīnyuè 29
引号 yǐnhào 34
泳 yǒng 38
用意 yòngyì 129
用意何在
　yòngyì hézài 129
幽默 yōumò 150
游 yóu 38
油断一秒，怪我一生
　yóu duàn yìmiáo,
　guài wǒ yìshēng 94
邮寄 yóujì 93
邮票 yóupiào 98

油肉不分
　yóu ròu bù fēn 154
游泳 yóuyǒng 36
有急事 yǒu jíshì 85
有没有 yǒu méiyǒu
　　　　　　　114
有趣 yǒuqù 130
有味道 yǒu wèidào
　　　　　　　145
有味儿 yǒu wèir 145
有意思 yǒu yìsi
　　　　　129, 130
有缘千里又相会
　yǒyuān qiānlǐ yòu
　xiānghuì 169
有缘份 yǒu yuánfèn
　　　　　　　169
有滋味儿 yǒu zīwèir
　　　　　　　146
愉快 yúkuài 130
雨停了 yǔ tíng le 174
玉米 yùmǐ 89
远虑 yuǎnlǜ 170
岳父 yuèfù 76
月光族 yuèguāngzú
　　　　　　　144
乐谱 yuèpǔ 29
乐器 yuèqì 29
乐团 yuètuán 29

Z

再见 zàijiàn 11
在我国会有销路
　zài wǒguó huì yǒu
　xiāolù 113

早安 zǎo'ān 163
早上好 zǎoshang hǎo 163
贼多 zéiduō 154
怎么写 zěnme xiě 52, 71
曾 zēng 29
增加到两倍 zēngjiā dào liǎngbèi 124
增加一倍 zēngjiā yíbèi 124
曾祖父 zēngzǔfù 29
宅急 zháijí 85
宅急便 zháijíbiàn 161
张是弓长张 zhāng shì gōng cháng zhāng 55
章是立早章 zhāng shì lì zǎo zhāng 55
丈夫 zhàngfu 71
赵是走肖赵 zhào shì zǒu xiāo zhào 55
肇事者 zhàoshìzhě 55
这杯咖啡 zhè bēi kāfēi 72
这个世界是进步的，人类生活也是走向美好的 zhège shìjiè shì jìnbù de, rénlèi shēnghuó yě shì zǒu xiàng měihǎo de 40
这个问题很严重 zhège wèntí hěn yánzhòng 108
这孩子真沉 zhè háizi zhēn chén 52
这里的菜合不合各位的口味儿 zhèlǐ de cài hé bù hé gèwèi de kǒuwèir 146
这么沉，拿不动 zhème chén, nábúdòng 52
这是什么呢 zhè shì shénme ne 35
这条狗 zhè tiáo gǒu 72
这条胡同太背 zhè tiáo hútòng tài bèi 50
这条绳子结实吗 zhè tiáo shéngzi jiēshi ma 71
这听咖啡 zhè tīng kāfēi 72
这只狗 zhè zhī gǒu 72
这支铅笔 zhè zhī qiānbǐ 72
真急人 zhēn jí rén 84
振兴中华 zhènxīng Zhōnghuá 141, 188
支 zhī 72
知其然，不知其所以然 zhī qírán, bù zhī qí suóyǐrán 68, 135
质检 zhìjiǎn 60
质量 zhìliàng 62
质量检验 zhìliàng jiǎnyàn 60
质问 zhìwèn 19

钟 zhōng 125, 167
中国发生了深刻的变化 Zhōngguó fāshēngle shēnkè de biànhuà 109
中国发生了重大的变化 Zhōngguó fāshēngle zhòngdà de biànhuà 108
中国梦 Zhōngguómèng 141
中国威士忌酒 Zhōngguó wēishìjìjiǔ 172
中国也可以说不 Zhōngguó yě kěyǐ shuō bù 112
中学生 zhōngxuéshēng 173
种 zhǒng 72
重兵把守 zhòngbīng bǎshǒu 53
中彩 zhòngcǎi 53
重彩 zhòngcǎi 53
重大 zhòngdà 108
重犯 zhòngfàn (chóngfàn とも) 52
重话 zhònghuà 52
重活 zhònghuó 52
重金购买 zhòngjīn gòumǎi 52
重望 zhòngwàng 52
主动 zhǔdòng 137
主谋 zhǔmóu 55

中国語索引 211

祝贺你成功 zhùhè nǐ chénggōng 162	装船 zhuāngchuán 62	作工作 zuò gōngzuò 66
祝你成功 zhù nǐ chénggōng 162	滋味儿 zīwèir 146	坐火车去公司 zuò huǒchē qù gōngsī 90
祝您一路风顺 zhù nín yílù fēngshùn 162	自发 zìfā 137	昨天我睡觉睡得晚 zuótiān wǒ shuìjiào shuìde wǎn 37
祝您一路平安 zhù nín yílù píng'ān 162	总经理 zǒngjīnglǐ 149	
专科生 zhuānkēshēng 173	走 zǒu 79	
	嘴快 zuǐkuài 52	足轻 zúqīng 51
	最可爱的人 zuì kě'ài de rén 111	足球 zúqiú 68
	罪魁 zuìkuí 55	
	做东 zuòdōng 141	

著者略歴

戸毛敏美（とげ　としみ）
1936年中国ハルビン生まれ。1958年中国人民大学を卒業して帰国。三十数年貿易業界で勤務。主な任務は輸入拡大。1996年より関西外国語大学外国語学部教授及び大学院中国ビジネスコミュニケーション学科指導教授として17年間勤務。現在関西外大孔子学院参事。

イラスト：タハラチハル

中国(ちゅうごく)ビジネス通訳裏話(つうやくうらばなし) だから、漢語はおもしろい！

2013年11月15日　初版第1刷発行

著　者●戸毛敏美
発行者●山田真史
発行所●株式会社東方書店
　　　　　東京都千代田区神田神保町1-3　〒101-0051
　　　　　電話(03)3294-1001　営業電話(03)3937-0300
装　幀●加藤浩志(木曜舎)
印刷・製本●モリモト印刷株式会社

※定価はカバーに表示してあります

Ⓒ2013　戸毛敏美　　Printed in Japan
ISBN978-4-497-21311-2　C3087

乱丁・落丁本はお取り替え致します。恐れ入りますが直接本社へご郵送ください。
Ⓡ本書を無断で複写複製（コピー）することは、著作権法上での例外を除き、禁じられています。本書をコピーされる場合は、事前に日本複製権センター（JRRC）の許諾を受けてください。
JRRC〈http://www.jrrc.or.jp　Eメール：info@jrrc.or.jp　電話：03-3401-2382〉
小社ホームページ〈中国・本の情報館〉で小社出版物のご案内をしております。
http://www.toho-shoten.co.jp/